Conception de la maquette intérieure: Josée Amyotte
Photographies: Pierre Beauchemin
Peintures et sanguines: André Michel
Photos d'objets: Musée de la Civilisation, Québec

Nous remercions la compagnie Repap qui nous a permis d'imprimer cet ouvrage sur un papier Excellence Gloss.

Dépôt légal: 3e trimestre 1996
Bibliothèque nationale du Québec

ISBN 2-7619-1318-3

Données de catalogage avant publication (Canada)

Michel, André

Cuisine amérindienne: un nouveau regard

Comprend des références bibliographiques et un index.

1. Cuisine indienne d'Amérique. I. Kayler, Françoise. II. Titre.

TX715.M527 1996 641.59'297 C96-940530-8

DISTRIBUTEURS EXCLUSIFS:

- Pour le Canada et les États-Unis:
  LES MESSAGERIES ADP*
  955, rue Amherst, Montréal H2L 3K4
  Tél.: (514) 523-1182
  Télécopieur: (514) 939-0406
  * Filiale de Sogides ltée

- Pour la Belgique et le Luxembourg:
  PRESSES DE BELGIQUE S.A.
  Boulevard de l'Europe 117
  B-1301 Wavre
  Tél.: (10) 41-59-66
  (10) 41-78-50
  Télécopieur: (10) 41-20-24

- Pour la Suisse:
  TRANSAT S.A.
  Route des Jeunes, 4 Ter
  C.P. 125
  1211 Genève 26
  Tél.: (41-22) 342-77-40
  Télécopieur: (41-22) 343-46-46

- Pour la France et les autres pays:
  INTER FORUM
  Immeuble Paryseine, 3 Allée de la Seine, 94854 Ivry Cedex
  Tél.: (1) 49-59-11-89/91
  Télécopieur: (1) 49-59-11-96
  Commandes: Tél.: (16) 38-32-71-00
  Télécopieur: (16) 38-32-71-28

Françoise Kayler
André Michel

CUISINE AMÉRINDIENNE

Un nouveau regard

LES ÉDITIONS DE L'HOMME

Nous remercions
tous les auteurs et les chefs cuisiniers de leur aimable collaboration
et plus particulièrement

Monsieur ***Jean-Paul Grappe***, professeur et chef de cuisine,
et
Monsieur ***Pierre Beauchemin***, photographe
de l'Institut de tourisme et d'hôtellerie du Québec,
pour leur contribution exceptionnelle lors de l'exécution et de la photographie
des recettes pour les besoins de ce livre,

ainsi que

l'Institut de tourisme et d'hôtellerie du Québec (ITHQ)

l'Institut culturel éducatif montagnais (ICEM)

la Société générale des industries culturelles du Québec (SOGIC)

le Musée de la civilisation du Québec

le Musée de l'Homme de Paris

les Carrières Ducharme

Gid Design

Mesdames Anne Phaneuf et Hélène Bouchard

et

Messieurs Pierre Troisgros, Michel Côté et Richard Dubé.

Ce livre a vu le jour grâce au travail bénévole de tous ses participants.
Les bénéfices des ventes sont versés à la **Fondation Ushket-André Michel** qui,
par ses actions, favorise la connaissance des cultures amérindiennes.

FONDATION USHKET ANDRÉ MICHEL

FONDATION USHKET-ANDRÉ MICHEL
499, Montée des Trente
Mont-Saint-Hilaire (Québec)
Canada J3H 2S1

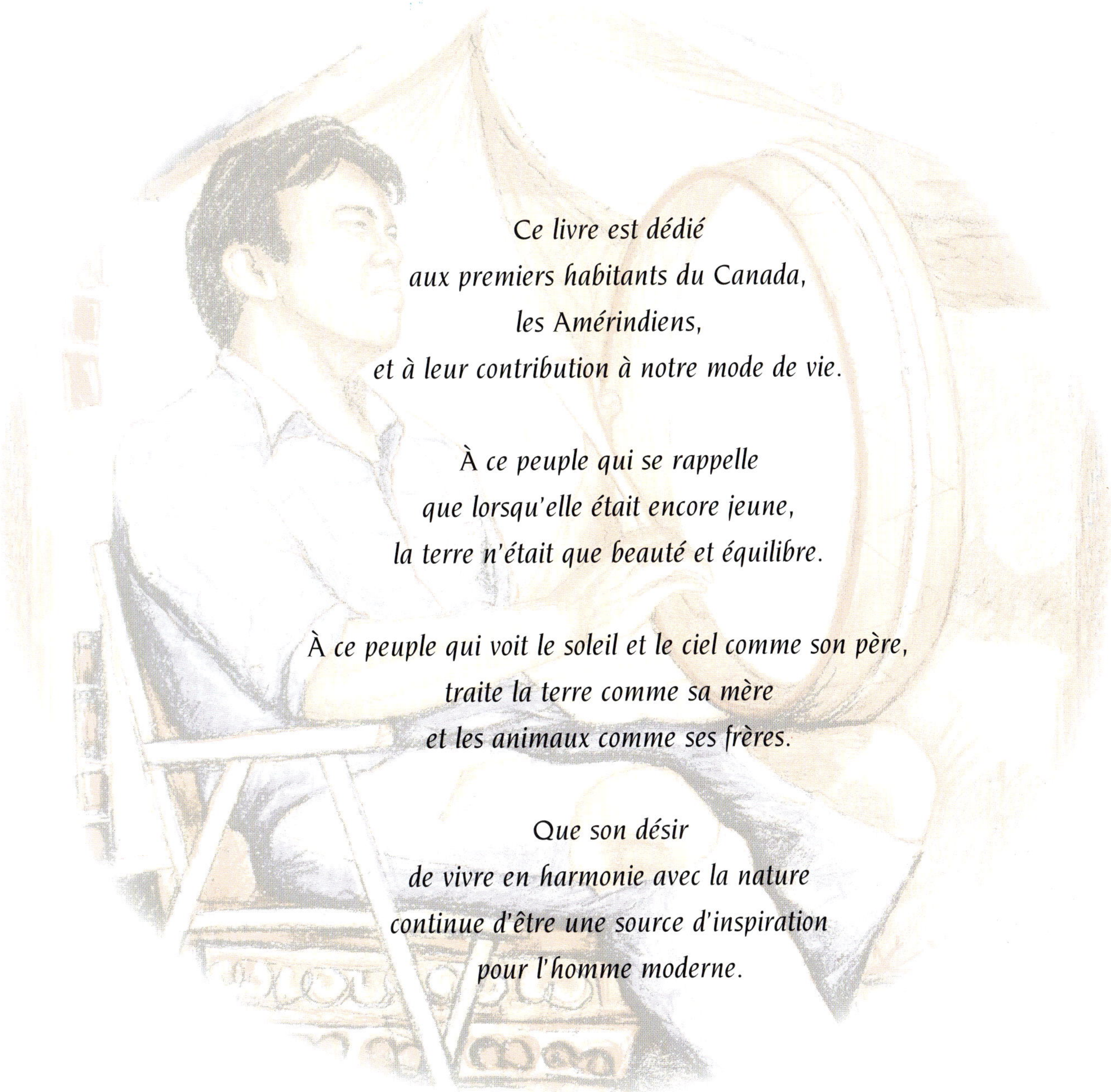

Ce livre est dédié
aux premiers habitants du Canada,
les Amérindiens,
et à leur contribution à notre mode de vie.

À ce peuple qui se rappelle
que lorsqu'elle était encore jeune,
la terre n'était que beauté et équilibre.

À ce peuple qui voit le soleil et le ciel comme son père,
traite la terre comme sa mère
et les animaux comme ses frères.

Que son désir
de vivre en harmonie avec la nature
continue d'être une source d'inspiration
pour l'homme moderne.

Sommaire

L'HEURE DES REPAS
André Michel
Huile sur toile, 1992
51 x 61 cm

PRÉFACE

La cuisine amérindienne est une cuisine de survie, en forêt et... dans le temps.

Entre hier et demain, elle est le prétexte de ce livre: un fil conducteur pour essayer de connaître ceux que, globalement, on appelle les autochtones du Canada, les peuples des Premières Nations, les Amérindiens ou les Indiens... à cause d'une méprise qui date de 1492.

Le but premier de la cuisine est de nourrir. Mais on ne peut suivre une manière de se nourrir sans, en même temps, voir vivre ceux qui sont concernés. Les regarder vivre, c'est bien plus que les regarder manger. Tout est lié aux façons de s'alimenter: les habitudes de vie, les réunions sociales, l'art... La cuisine ne fait-elle pas partie de la culture d'un peuple?

Y a-t-il une cuisine amérindienne? Comme on ne peut imaginer de collectivité n'ayant une manière propre de se nourrir, la réponse est certainement affirmative. Alors, se posent d'autres questions: laquelle ou lesquelles? Celle d'avant ou celle d'après l'arrivée des Blancs?

La cuisine autochtone n'a jamais été exploitée. À cause de ce désintérêt, elle n'a pas pu évoluer. Cependant, malgré toutes les vicissitudes qu'elle a connues, elle s'est maintenue. Elle peut, selon notre point de vue, manquer de délicatesse, en revanche, elle a une authenticité qui mérite une mise en valeur et qui mérite aussi que l'on retourne à ses sources pour la comprendre.

Sous le vocable faussement unificateur d'Amérindiens sont réunis des peuples aux modes de vie tout à fait différents et tout à fait dissemblables de notre mode de vie nord-américain. Entre «Notre Mère la Terre» et «Notre Père le Soleil», les autochtones de ce continent vivent «libres», puisque rien ne leur appartient, au sens où nous comprenons la propriété. De la terre, ils ne sont jamais propriétaires. Même les peuples agriculteurs n'ont jamais été des défricheurs. Tous ne prélevaient que ce qui était nécessaire à leur consommation, remettant même en circulation, pour la survie des espèces, ce qu'ils ne pouvaient utiliser. C'était, avant le temps, des écologistes.

Ces peuples font partie de la nature, y vivent à son rythme, s'y fondent jusqu'à s'y confondre. Ils la sentent, la ressentent et, même plongés dans un monde «blanc», ils n'ont pas perdu leurs réflexes. Dans certaines communautés autochtones, on s'efforce de faire coïncider les congés scolaires des enfants avec les grandes saisons de chasse et de pêche, pour qu'ils puissent accompagner leurs parents.

S'ils ne possèdent pas la terre, ils ne la délimitent pas non plus, ne tracent pas de frontières. Théoriquement, sur le continent américain, les autochtones sont partout chez eux, de l'est à l'ouest, du nord au sud, parfaitement adaptés à ce pays dans lequel ils vivent en symbiose depuis des milliers d'années.

Dans cet immense pays où ils arrivèrent les premiers, par le nord probablement, ils se sont adaptés à des conditions géographiques et climatiques bien différentes les unes des autres, selon que leur point d'arrivée était la forêt, la plaine ou le bord de mer. La mosaïque indienne s'est dessinée, faite de mille façons de vivre et de communiquer avec les autres et avec l'environnement, développant une multitude de cultures autochtones. Lorsque les premiers Européens débarquèrent au Nouveau Monde, on estime que 200 langues étaient parlées dans les deux Amériques, soit plus qu'en Europe et en Asie réunies. Même si nous continuons à utiliser le mot «indien» pour nommer les premiers peuples du continent américain, on ne peut simplifier les choses. «L'Indien moyen» n'existe pas.

Vivant en harmonie avec leur environnement et tirant tout de la nature, les Indiens ont modelé beaucoup plus que leurs habitudes alimentaires sur les ressources des lieux où ils demeuraient. C'est tout leur mode de vie quotidien qui en dépend. Selon qu'ils sont de chasse, de pêche ou de culture, les produits disponibles font des peuples soit des chasseurs, soit des pêcheurs (souvent des chasseurs-pêcheurs), soit des agriculteurs, ainsi que des peuples nomades ou sédentaires: des peuples qui connaissaient le commerce et qui avaient une longue pratique des échanges.

Comme ceux qui font de la prose sans le savoir, les autochtones faisaient de la diététique sans le savoir. En plus de leur intervention pour sauver du scorbut les marins de Cartier, leur connaissance des sources de vitamine C étaient étendues. Les Iroquoiens, qui vivaient moins de produits de chasse et plus de produits agricoles, avaient une connaissance exacte de la valeur des protéines végétales. Les «trois sœurs», le maïs, la courge et le haricot, combinées dans un même plat, donnaient un aliment complet. Les baies et les fruits sauvages, abondants dans la nature, entraient dans l'alimentation, soit à l'état frais, soit séchés. La cueillette permettait aux peuples chasseurs d'apporter ainsi un complément nécessaire à l'équilibre nutritionnel de leur régime alimentaire. Récemment, constatant les déficiences nutritionnelles des familles autochtones vivant sous le seuil de la pauvreté, le Dr Michael Moffat, du J. A. Hildes Northern Medical Unit au Manitoba, déclarait que «les pratiques traditionnelles de chasse et de cueillette permettaient, autrefois, aux femmes et aux enfants des communautés amérindiennes de recevoir une alimentation adéquate».

En effet, la cuisine amérindienne était basée en grande partie sur ces connaissances empiriques de la valeur nutritionnelle des produits. Cette cuisine de «survie» a fort bien rempli son rôle. Et cette cuisine survit. Même si les conditions de vie ont radicalement changé, chaque fois qu'un autochtone reprend le chemin de la forêt, il retrouve instinctivement ses habitudes millénaires. Dans les villages amérindiens, derrière les maisons, on dresse souvent une tente. Parce que «l'entre-deux-mondes» culinaire, ou la nouvelle cuisine amérindienne, ne doit jamais leur faire oublier la cuisine traditionnelle que l'on prépare encore sous la tente.

FRANÇOISE KAYLER

L'HEURE DU THÉ, MOISIE

André Michel

Huile sur toile, 1979

76 x 61 cm

AVANT-PROPOS

Un nouveau regard sur la cuisine amérindienne

Pour plusieurs, la cuisine amérindienne se résume à une nourriture fraîchement cueillie, chassée ou pêchée et simplement préparée en plein bois ou sous une tente.

Le poisson et le gibier étaient les mets principaux des Amérindiens. Les graines et les racines leur ajoutaient des textures et des saveurs. Les petits fruits sauvages, les sucres naturels provenant des arbres et le maïs donnaient ou ajoutaient une saveur sucrée. Les combinaisons de nourriture étaient simples et l'assaisonnement à son minimum.

Nous pensons qu'en respectant ces traditions culinaires de base, ces mêmes aliments peuvent aussi être braisés, marinés, assaisonnés et accompagnés d'ingrédients que les Amérindiens d'aujourd'hui ont à leur disposition dans leur maison et dans les supermarchés qu'ils fréquentent.

On peut dire que tous les livres de cuisine amérindienne contemporaine incluent des recettes, de nouveaux aliments et une nouvelle technologie issus de la culture européenne. La farine de blé, les œufs de poule, les oranges, les citrons, le bœuf et le porc sont quelques exemples de nouveaux aliments qui font maintenant partie des menus des communautés amérindiennes. Malgré cette influence inévitable, les recettes contenues dans ce livre utilisent, principalement, des aliments et des ingrédients qu'avaient alors à leur disposition les premiers habitants du Canada. Tout cela vise à démontrer la grande variété d'aliments dont ce peuple pouvait se nourrir sans aucunement vouloir diminuer les ressources d'une cuisine moderne.

Les cuisines les plus réputées du monde, telles que les cuisines française, italienne, chinoise ou japonaise, ont toutes évolué au cours des années. Dans ces pays, la cuisine actuelle est bien loin des repas que la population mangeait à la fin du siècle dernier.

Alors, pourquoi la cuisine amérindienne du Canada n'aurait-elle pas le droit d'évoluer, elle aussi, vers ces mêmes sommets? Pourquoi ne profiterait-elle pas du savoir et du goût des plus grands cuisiniers de ce monde?

Ce livre et ces recettes de «nouvelle cuisine amérindienne» veulent souligner la contribution des premiers habitants de ce continent au monde moderne.

La culture des plantes fut un apport important des Amérindiens. Non seulement ceux-ci ont fait découvrir aux premiers colons de nouvelles plantes comestibles qui poussaient à l'état sauvage, mais ils leur ont aussi appris les techniques nécessaires pour en cultiver d'autres. Après l'exploration des Amériques par les Européens, on introduisit en Europe plus de 50 nouvelles espèces végétales comestibles. Aujourd'hui, ces plantes, cultivées à l'origine par les Amérindiens, fournissent environ la moitié des réserves alimentaires mondiales. Deux de ces plantes, le maïs et la pomme de terre, provenant du Nouveau Monde, sont des denrées alimentaires de base aussi importantes que le riz et le blé.

Les colons européens découvrirent de nombreux autres fruits et légumes qui, par la suite, se répandirent dans le monde entier. L'introduction d'une bonne partie de ces plantes a grandement

favorisé l'accroissement de la population mondiale depuis le milieu des années 1600.

Ces mêmes Européens apprirent des Amérindiens à préparer de nouveaux mets: la purée de maïs et de fèves, le pain de blé, la semoule de maïs et les flocons de maïs rôtis, pour n'en nommer que quelques-uns. Ils apprirent également à fabriquer du sirop d'érable. Les Amérindiens ont énormément contribué à notre mode de vie moderne. L'anthropologue renommé, Harold E. Driver, soulignait, dans *Indian of North America*, que les échanges entre les Européens et les peuples du Nouveau Monde avaient engendré un «des plus intéressants et des plus profonds croisements de cultures».

Alain Beaulieu, historien québécois, vous fera revivre dans ses écrits les pratiques alimentaires traditionnelles des Amérindiens du Nord-Est, des plaines et de la Côte Nord-Ouest du Canada. Aussi, il nous semblait important de demander à Mme Anne Vitart, du Musée de l'Homme de Paris, de traiter dans ce livre «des manières de table» des Amérindiens et de l'attitude des Européens par rapport à celles-ci.

Vous trouverez également dans cet ouvrage des allochtones (des Blancs) qui «cuisinent à l'amérindienne» depuis plusieurs années, ainsi que des cuisiniers amérindiens qui, dans le domaine de la gastronomie, font honneur à leurs Nations, tant au Canada qu'à l'étranger.

De leur côté, les grands cuisiniers de différents pays par la création de nouvelles recettes donnent un rayonnement nouveau à la culture amérindienne canadienne, à sa mise en valeur et à sa gastronomie qui en fait dorénavant partie intégrante. Un dernier chapitre de l'horticulteur Jean-Claude Vigor permettra au lecteur de mettre «quelques plantes sauvages au menu…».

Vous constaterez que ce volume n'est pas divisé par groupe de recettes comme les entrées, les plats principaux et les desserts, et cela, afin de respecter les traditions alimentaires des Amérindiens dans la nature. Quand je partage leur quotidien dans les bois, je vis au même rythme qu'eux: ils mangent quand ils ont faim sans préoccupation d'un menu précis et ils dorment lorsque le sommeil leur fait signe. En fait, ils vivent à l'écoute de leur corps et non selon l'horaire précis de notre société moderne.

Alors que le monde contemporain assiste à une explosion démographique et fait face à la pollution de l'air, à la surpopulation, aux pénuries de toutes sortes et à la dégradation de la nature, le plus bel hommage que les grands cuisiniers pouvaient rendre à la culture amérindienne était de participer à ce volume, en mettant leur talent au service de l'évolution culinaire d'un peuple qui a su longtemps vivre en harmonie avec la nature.

ANDRÉ MICHEL

Mer de Beaufort
Alaska
Île Victoria
Tutchones
Mountains
YUKON
Tagishs
TERRITOIRES DU NORD-OUEST
Kaskas
Dogribs
Tahltans
Tlingits
Chippeways
Tsetsauts
Slaves
Sèkkanais
Carriers
Cris des forêts
Castors
COLOMBIE-BRITANNIQUE
ALBERTA
SASKATCHEWAN
MANIT
Nishgas
Gitskans
Haïdas
Tsimshians
Haislas
Haihais
Comox
Bellas Coolas
Bellas Bellas
Pieds-Noirs
Nootkas
Oowekeenos
Gros-Ventres
Kwakiults
Salishs
Arapahos
Océan Pacifique
États-Unis

Bison
Daim
Otarie
Saumon
Sucre d'érable
Ours
Renne (Caribou)
Phoque
Autres poissons
Tournesol
Palourde
Maïs
Orignal (Élan)
Huître
Riz sauvage
Île de Baffin
Mer du Labrador
Baie d'Hudson
Labrador
Naskapis
QUÉBEC
TERRE-NEUVE
Béothuks
Cris de l'Est
Montagnais
e l'Ouest
ONTARIO
Ojibwés du Nord
Micmacs
NOUVEAU-BRUNSWICK
Iroquois du Saint-Laurent
Attikameks
Malécites
Passamaquoddy
Chippewas (Ojibwés)
Abénaquis
Mohawks
Algonquins
Assiniboins
Hurons
Iroquois
Océan Atlantique
Ottawas
Petuns
Neutrais
Ériés

Devant le camp, Moisie

André Michel

Huile sur toile, 1978

76 x 102 cm

I

«NOUS SOMMES CE QUE NOUS MANGEONS»

L'alimentation traditionnelle des Amérindiens du Canada

PAR ALAIN BEAULIEU, *Historien*
Musée de la civilisation, Québec

Lorsque les Européens commencèrent à fréquenter les côtes du Canada, au XVIe siècle, pour la pêche et le commerce des fourrures, cette partie du continent nord-américain était déjà habitée depuis quelques millénaires par des populations autochtones qui y avaient développé des modes de vie parfaitement adaptés à leur environnement. Grâce à une connaissance approfondie des animaux et des plantes ainsi qu'à des techniques éprouvées de chasse, de pêche et d'agriculture, ces populations tiraient de leur milieu les denrées nécessaires à une alimentation relativement équilibrée. Même si les ressources alimentaires étaient moins abondantes à certaines périodes de l'année, surtout chez les groupes vivant essentiellement de chasse et de pêche, la malnutrition n'était manifestement pas un phénomène répandu parmi les autochtones de ces régions.

PLATS ET ASSIETTES EN ÉCORCE DE CONFECTION RÉCENTE
Musée de la civilisation

D'origine attikamek, cette assiette et ce plat de service rectangulaire furent confectionnés dans les années 1970. Ils témoignent de la pérennité des techniques artisanales dans la fabrication des contenants en écorce.

La diversité culturelle entre les populations autochtones du Canada restait toutefois très grande. Le climat, la végétation et la faune étaient fort variés à l'intérieur de ce grand territoire. Les régions boisées du Nord-Est, les grandes plaines de l'Ouest ou les zones côtières qui bordaient le Pacifique offraient des ressources très différentes, ce qui avait favorisé l'émergence de nombreuses cultures autochtones et de leurs modes de subsistance spécifiques. À part certaines similitudes dans les méthodes de cuisson et de conservation des aliments, il n'y avait que peu de chose en commun dans l'alimentation des Algonquins du Québec (chasseurs d'orignaux), des Hurons de l'Ontario (cultivateurs de maïs), des Pieds-Noirs des Prairies (chasseurs de bisons) et des Nootkas de la Côte Nord-Ouest (pêcheurs de saumons et chasseurs de baleines).

Les pratiques alimentaires des Amérindiens ont évidemment changé au cours des siècles qui ont suivi leur rencontre avec les Européens. Dans plusieurs régions du Canada, certaines façons de faire traditionnelles et certaines préférences culinaires sont cependant encore bien vivantes et restent étroitement associées à l'identité autochtone. Comme l'explique l'artiste montagnais André Vollant: «Nous sommes faits à l'image de ce que nous mangeons. [...] Je ne veux pas qu'on change ma nourriture. J'ai grandi avec elle et elle est sacrée. [...] Il n'y aura plus d'Innuat [Montagnais] le jour où nous achèterons tous notre nourriture au supermarché[1].»

LES AMÉRINDIENS DU NORD-EST

La région du Nord-Est comprenait deux grandes familles linguistiques et culturelles: les Algonquins (chasseurs et nomades) et les Iroquois (agriculteurs et sédentaires). Dans la famille algonquine, on retrouvait notamment les Micmacs, les Montagnais, les Algonquins, les Attikameks et les Cris. La famille iroquoise regroupait les Hurons, les Iroquois et plusieurs autres nations sédentaires, aujourd'hui disparues, comme les Neutres, les Pétuns, les Ériés et les Iroquois du Saint-Laurent, rencontrés par Jacques Cartier, au XVIe siècle.

Les chasseurs algonquins

Le mode de vie des chasseurs algonquins ne permettait pas de grandes concentrations de population. Les ressources à leur disposition étaient certes nombreuses et variées, mais elles connaissaient aussi d'importantes fluctuations saisonnières. Le cycle des saisons avait donc une influence déterminante sur l'alimentation et le mode de vie des Amérindiens nomades qui se déplaçaient sur le territoire en fonction de la disponibilité des ressources. Du début du printemps jusqu'à l'automne, ils avaient tendance à se rassembler sur la côte ou sur les rives des principaux lacs et cours d'eau pour exploiter les richesses de ces milieux. Les oiseaux aquatiques et le poisson composaient alors la plus grande partie de leur régime alimentaire. Le filet, le harpon et les nasses figuraient parmi les principaux instruments de pêche des Amérindiens. À certaines périodes de l'année, notamment à l'automne, les autochtones faisaient sécher ou fumer de grandes quantités de poissons qu'ils consommaient plus tard. Ces provisions se révélaient particulièrement utiles lorsque les Algonquins quittaient les côtes, à l'automne, pour rejoindre leurs territoires de chasse hivernaux à l'intérieur des terres.

HARPON
Musée de la civilisation

Ce harpon, fabriqué par des Montagnais, est de confection récente. Il se compose d'un long manche en épinette, relié à deux pièces de bouleau recourbées qui se terminent en pointe. Une pièce de métal sert de dard. Au XVIIe et XVIIIe siècles, la pêche au harpon, qui se pratiquait souvent la nuit avec un flambeau, permettait parfois de faire des prises considérables. Grâce à cette méthode, rapporte Nicolas Denys, un Amérindien pouvait pêcher jusqu'à 150 à 200 saumons ou truites en une nuit.

Durant l'hiver, la subsistance des Amérindiens nomades dépendait surtout de la chasse au gros et au petit gibier. L'orignal occupait une place toute particulière dans l'alimentation hivernale des Algonquins de l'est du Canada. L'hiver était la saison la plus propice pour le capturer, car la neige ralentissait alors considérablement sa course. Les Amérindiens pourchassaient les orignaux armés de «bâtons à darder», auxquels était traditionnellement fixé «un grand os pointu[2]». En dehors de la saison hivernale, l'arc et la flèche étaient les armes les plus couramment utilisées pour capturer le gros et le petit gibier. La portée de ces armes était toutefois réduite et le

APPELANTS
Musée de la civilisation

Cet appelant, qui reproduit la forme d'un canard ou d'une outarde, fut sans doute sculpté au XIXe siècle par des Cris de Fort Rupert. On retrace l'utilisation d'appelants par les Amérindiens pour la chasse aux oiseaux migrateurs dès le XVIIe siècle.

chasseur devait faire preuve de beaucoup d'habileté pour approcher l'animal. Pour attirer le gibier, les chasseurs amérindiens utilisaient différents procédés, notamment des appelants pour les gros oiseaux migrateurs, et des appeaux pour l'orignal.

Les végétaux ne jouaient qu'un rôle complémentaire dans l'alimentation des Algonquins. Les femmes cueillaient différentes sortes de racines et plusieurs fruits sauvages (framboises, bleuets, fraises, noix…), qu'elles faisaient sécher pour agrémenter les repas durant l'hiver. Au printemps, les autochtones recueillaient aussi l'eau d'érable en grande quantité. Lorsque la sève commençait à monter, les femmes entaillaient les arbres et recueillaient l'eau qu'elles faisaient ensuite bouillir pour la transformer en sirop ou en sucre[3]. Pour cueillir les fruits sauvages et l'eau d'érable, les Algonquins utilisaient différents contenants en écorce qui servaient aussi à la conservation, à la préparation, au service et à la consommation des aliments. De larges récipients en écorce ou en bois étaient aussi utilisés pour faire cuire la viande et le poisson. Pour faire bouillir l'eau placée dans ces contenants, les Amérindiens faisaient rougir au feu de grosses pierres et les jetaient dans l'eau, les remplaçant régulièrement par de nouvelles, jusqu'à ce que la viande ou le poisson soient suffisamment cuits[4]. Avec l'introduction des chaudrons en cuivre, à partir du XVIIe siècle, cette méthode de cuisson tomba rapidement en désuétude, mais elle continua à être utilisée à certaines occasions lorsque les récipients métalliques faisaient défaut.

APPEAUX
Musée de la civilisation

On note l'utilisation d'appeaux pour la chasse à l'orignal par les Amérindiens dès le XVIIe siècle. Ceux-ci, fabriqués avec des écorces de bouleau par des Attikameks et des Algonquins, sont de confection récente.

La confection des instruments pour la chasse et la pêche était l'affaire des hommes qui se servaient de trois matériaux facilement accessibles: le bois, les os d'animaux et la pierre. Les femmes fabriquaient la plupart des contenants en écorce, utilisant surtout l'écorce de bouleau, malléable et résistante. Les racines de jeunes conifères, fendues en deux et séchées, servaient à faire les coutures et les rebords des contenants d'écorce. Une résine faite «à partir de la sève de conifères» que les femmes faisaient bouillir et à laquelle elles ajoutaient parfois de la graisse animale, assurait l'étanchéité des joints[5]. Un cerceau de bois, fixé à l'écorce avec des racines, renforçait généralement le bord de ces bols[6]. Les femmes décoraient souvent ces contenants de différents motifs, réalisés soit en raclant légèrement la surface de l'écorce, soit en ajoutant des piquants de porc-épic ou des poils d'orignal teints de différentes couleurs.

Contenant pour la cueillette
Musée de la civilisation

De fabrication récente, ce contenant en écorce de bouleau était utilisé par les Attikameks dans leurs activités de cueillette. Les motifs floraux sont obtenus en raclant une mince couche de l'écorce.

Les *agriculteurs iroquois*

Au début du XVIIe siècle, les Hurons et les Iroquois, les deux nations les plus célèbres de la famille iroquoise, étaient établis dans la région des Grands Lacs. Ce n'est qu'après 1650 que certains d'entre eux viendront fonder des communautés dans les régions de Québec et de Montréal. Au moment de leurs premiers contacts avec les Français, les Hurons et les Iroquois vivaient dans des villages énormément peuplés qui pouvaient compter jusqu'à 2000 personnes. Ils déplaçaient ces villages à des intervalles de temps variant de 10 à 30 ans. L'épuisement des sols et l'éloignement du bois de chauffage expliquaient en grande partie ces migrations périodiques.

La chasse et la pêche n'avaient qu'une importance secondaire dans l'alimentation des Iroquois qui vivaient surtout des produits de la terre. Les Iroquois cultivaient plusieurs plantes comestibles comme les courges, les fèves, les citrouilles et les tournesols, mais le maïs était la base de leur alimentation. Cette céréale, utilisée dans presque toutes les recettes, était cultivée dans d'immenses champs situés à l'extérieur des villages. Les hommes défrichaient les terres nécessaires à l'agriculture, mais toutes les autres activités associées à la culture des champs étaient accomplies par les femmes[7].

Les travaux commençaient dès la fonte des neiges lorsque les femmes, travaillant en groupes, ramassaient le chaume et le faisaient brûler. Elles préparaient ensuite le sol à l'aide d'un instrument fait d'un long manche au bout duquel était attaché un «morceau de bois recourbé», large d'environ trois doigts et ayant la forme d'une oreille. Les semences n'étaient pas plantées en rangs, mais «par petites mottes rondes de trois pieds de diamètre» qui recevaient chacune 9 ou 10 grains de maïs[8]. Les femmes sélectionnaient soigneusement les grains utilisés pour les semences et les faisaient tremper dans l'eau pendant quelques jours pour accélérer la germination[9]. Au moment de partir pour les champs, chaque femme recevait les grains de semence «dans de petites mannes ou corbeilles, de quatre ou cinq doigts de hauteur[10]». Faits d'écorce, ces petits contenants se fixaient à la taille, laissant ainsi les mains libres pour planter les grains et les recouvrir de terre[11].

La variété de maïs la plus communément cultivée par les Hurons mûrissait en quatre mois, parfois même en trois mois seulement. Le maïs était généralement planté vers la fin du mois de mai et récolté au début de septembre[12]. Pour récolter le maïs, les femmes utilisaient des paniers de fibres naturelles tressées qu'elles portaient sur leur dos, grâce à une courroie placée sur le front ou sur la poitrine[13]. La plus grande partie du maïs récolté était séchée. Pour cette opération, les Iroquois attachaient d'abord les épis en paquets, puis utilisaient les feuilles qui les recouvraient pour les lier les uns aux autres. Les épis étaient ensuite disposés sur des perches à l'intérieur des maisons longues où la fumée qui s'élevait des foyers assurait un séchage efficace[14]. Lorsque le maïs était bien sec, les femmes égrenaient les épis, nettoyaient les grains et les entreposaient dans de grands tonneaux d'écorce placés à chaque extrémité de la maison longue[15].

Les Hurons mangeaient habituellement deux fois par jour, le matin et le soir[16], mais il y avait apparemment toujours un chaudron sur le feu pour calmer l'appétit des plus gourmands. Chez les Iroquois comme chez les Algonquins, les femmes jouaient un rôle prépondérant dans la préparation des repas. Avant d'être consommé, le maïs était moulu à l'aide d'un mortier, creusé le plus souvent à l'intérieur du tronc d'un chêne. Les grains de maïs étaient écrasés à l'aide d'un pilon sculpté dans un bois dur, comme l'érable[17]. Contrairement aux Algonquins nomades qui faisaient cuire des aliments dans des contenants en bois ou en écorce, les

GRANDES CUILLÈRES ET LOUCHES SCULPTÉES
Musée de la civilisation

Grandes cuillères et louches de bois sculptées par des Iroquois, au XIXe siècle ou au début du siècle suivant.

Iroquois fabriquaient de grands récipients en terre cuite qui étaient placés directement au-dessus du feu et soutenus par des pierres. Selon le récollet Gabriel Sagard, ces poteries étaient très résistantes et ne se cassaient «point au feu», même lorsqu'il n'y avait «point d'eau dedans[18]». Avec l'introduction des chaudrons en cuivre, les récipients en terre cuite tombèrent rapidement en désuétude, mais les Iroquois n'abandonnèrent pas immédiatement leur production. Certaines communautés iroquoises les utilisaient encore dans la première moitié du XIXe siècle[19].

POTERIE IROQUOIENNE
Musée de la civilisation

Poterie de confection récente, dont les motifs s'inspirent de ceux qu'on retrouvait sur les vases en terre cuite iroquoiens. Contrairement aux poteries traditionnelles, façonnées à la main, celle-ci a été fabriquée à l'aide d'un tour.

Les pièces de poterie étaient fabriquées par les femmes qui les façonnaient avec leurs mains à l'aide d'une petite palette en bois, comme avait pu l'observer Sagard chez les Hurons: «Les sauvagesses les font, prenant de la terre propre, laquelle elles nettoient et pétrissent très bien, y mêlant parmi un peu de grès, puis la masse étant réduite comme une boule, elles y font un trou avec le poing, qu'elles agrandissent toujours en frappant par dedans avec une petite palette de bois, tant et si longtemps qu'il est nécessaire pour les parfaire; ces pots sont faits sans pieds et sans anses, et tous ronds comme une boule, excepté la gueule qui sort un peu en dehors[20].» Les femmes fabriquaient aussi plusieurs autres objets rattachés à l'alimentation, comme des paniers de joncs et d'autres avec des écorces de bouleaux, dans lesquels elles mettaient «des fezoles [fèves], du blé et des pois [...], de la chair, du poisson, et autres petites provisions». Elles confectionnaient aussi «des écuelles d'écorce pour boire et manger et mettre leurs viandes et menestres [repas, ragoût, potage][21]». Les hommes s'occupaient toutefois de la confection des cuillères, des spatules, des louches et des plats sculptés dans le bois[22].

LES AMÉRINDIENS DES PLAINES DE L'OUEST

Au début du XIXe siècle, les Prairies canadiennes étaient habitées par plusieurs tribus amérindiennes que l'on peut regrouper en cinq grandes nations: les Pieds-Noirs, les Sarsis, les Cris des Plaines, les Saulteux des Plaines et les

COUTEAU EN OS
Musée de la civilisation

Avant le début du commerce avec les Européens, les Amérindiens confectionnaient plusieurs objets utilitaires avec des os. Cette pratique ne se perdit pas complètement, malgré l'introduction de nombreux outils en métal. Ce couteau fut fabriqué en 1974 par un Attikamek.

Assiniboines. Une seule de ces nations, les Pieds-Noirs, pouvait prétendre à une occupation très ancienne de ces régions. Les autres y avaient migré à une époque relativement récente, attirés sans doute par les immenses troupeaux de bisons qui parcouraient les Prairies. L'arrivée des Cris remontait, par exemple, à la seconde moitié du XVIIe siècle, celle des Saulteux à la fin du siècle suivant.

Tous ces Amérindiens étaient nomades et parcouraient d'immenses territoires pour assurer leur survie. Le cheval, qui jouait un rôle central dans l'univers culturel des Amérindiens des Plaines, était leur principal moyen de transport. Introduit dans les Prairies canadiennes vers les années 1730, en provenance du sud, cet animal transforma le mode de vie des Amérindiens de ces régions. Avant son arrivée, les Amérindiens des Plaines se déplaçaient à pied et le chien, sur le dos duquel ils plaçaient un travois, était leur seul animal de somme. L'étendue des territoires que ces Amérindiens pouvaient parcourir était donc réduite, tout comme la quantité de biens qu'ils pouvaient transporter avec eux. Le cheval accrut considérablement la mobilité des Amérindiens des Plaines et facilita aussi la chasse aux bisons qui constituaient leur principale ressource alimentaire.

Toute la vie des Amérindiens des Plaines tournait autour de cet énorme animal qu'est le bison, le plus gros mammifère terrestre d'Amérique du Nord. La plupart des parties du bison étaient utilisées par les chasseurs: la viande était mangée; la peau servait à confectionner des vêtements, à recouvrir les tipis, à confectionner des boucliers pour les guerriers et même à fabriquer des contenants pour faire cuire les aliments; les os, les nerfs, les cornes et les sabots étaient transformés en outils ou en objets domestiques de toutes sortes, tandis que la queue de l'animal devenait un tue-mouches redoutable. Même la bouse du bison avait son utilité, puisqu'une fois séchée, elle servait de combustible pour la cuisson des aliments dans les secteurs où les arbres étaient très rares.

Le cycle annuel des déplacements des Amérindiens des Plaines suivait de près celui des grands troupeaux de bisons. Au cours de l'hiver, les Amérindiens se retiraient généralement dans les régions boisées où les bisons avaient trouvé refuge. Au printemps, ils retournaient dans les Prairies, suivant ainsi les migrations des bisons qui se regroupaient alors en immenses troupeaux à la recherche de pâturages. Durant la plus grande partie de l'année, les Amérindiens des Plaines se divisaient en petites bandes qui parcouraient le territoire de manière indépendante. Les membres d'une même tribu ne se réunissaient tous qu'une fois par année, au cours de l'été, lorsque les bisons formaient d'immenses troupeaux. L'abondance des provisions permettait alors de plus grands rassemblements qui étaient l'occasion de nombreuses festivités et célébrations.

Avant l'introduction du cheval, le «saut à bisons» était l'une des principales techniques de chasse des Amérindiens des Plaines. Après avoir repéré un troupeau de bisons, les chasseurs manœuvraient habilement pour le diriger vers une falaise où les bêtes affolées se jetaient dans le vide. Des chasseurs placés au pied de la falaise achevaient les bisons que la chute n'avait pas entraînés dans la mort. Dans le sud de l'Alberta, deux sites où cette technique était utilisée sont particulièrement réputés: Head Smashed In et Old Women's. Le premier fait d'ailleurs partie des sites de la prestigieuse liste des World Heritage Sites de l'UNESCO. Les recherches archéologiques prouvent qu'il fut en opération durant environ 6000 ans[23].

Pour capturer les bisons en grand nombre, les Amérindiens construisaient aussi des corrals (ou enclos), vers lesquels ils dirigeaient les bêtes à l'aide de longues clôtures en forme d'entonnoir, construites avec des pierres, des branches et des broussailles. Des chasseurs, munis d'arcs et de flèches, attendaient l'arrivée des bisons autour de l'enclos, tandis que des rabatteurs se chargeaient d'orienter la course des bêtes dans la bonne direction. Disposés de chaque côté du parcours, des femmes et des enfants renforçaient la ligne en agitant des couvertures et en criant.

CUILLÈRE SCULPTÉE DANS DE LA CORNE
Musée de la civilisation

Cuillère sculptée dans de la corne par des Amérindiens Pieds-Noirs.

Les Amérindiens des Prairies canadiennes continuèrent d'utiliser les «sauts à bisons» et les corrals comme techniques de chasse après l'introduction du cheval, mais l'importance de ces méthodes déclina progressivement. Au XIXe siècle, les Amérindiens préféraient largement poursuivre les grands troupeaux de bisons à cheval. Tandis que certains chasseurs encerclaient les bêtes pour éviter qu'elles ne se dispersent, d'autres pénétraient à l'intérieur du troupeau et abattaient les bisons avec l'arc et les flèches[24]. Le succès de la chasse reposait sur la discipline très stricte des chasseurs. Il fallait surtout éviter que quelques individus, par des manœuvres précipitées, n'entraînent la dispersion des bisons avant que les opérations soient véritablement lancées. Des sociétés de guerriers veillaient à l'application des consignes et pouvaient punir les contrevenants en les battant, en brisant leurs armes, leurs habits ou leurs tipis, ou encore en tuant leurs chiens et leurs chevaux[25].

Au moment des grandes battues, les Amérindiens des Plaines pouvaient accumuler des quantités considérables de viande de bison, mais ils n'en mangeaient généralement qu'une petite partie sur place. Ils consommaient la viande de bison rôtie sur le feu ou encore bouillie. Comme ceux du Nord-Est, ils employaient la technique des pierres chauffées au feu pour faire cuire leurs aliments. Une peau de bison cousue servait de «chaudron[26]». La viande qui n'était pas consommée immédiatement était découpée en bandes très minces et placée sur des échafauds pour sécher au soleil. Pour conserver la viande de bison, les Amérindiens la transformaient aussi en pemmican, qu'ils préparaient en réduisant en poudre la viande séchée qu'ils mélangeaient ensuite avec de la graisse de bison fondue et des fruits séchés. Cet aliment était à la fois léger, donc facile à transporter, et très nutritif[27].

Les Amérindiens des Plaines chassaient parfois d'autres types de gros gibier, comme l'orignal ou le cerf, surtout lorsqu'ils se retiraient durant l'hiver vers les zones boisées. L'antilope d'Amérique était aussi très abondante dans les Prairies et sa peau était particulièrement appréciée pour la confection des vêtements[28]. Certaines nations, comme les Cris et les Saulteux, s'adonnaient aussi à la pêche. Le corégone, le brochet et le doré étaient des espèces très appréciées et formaient une ressource d'appoint, notamment au printemps. Mais la pêche n'était pas un moyen de subsistance valorisé par tous les groupes. Certains, comme les Pieds-Noirs, méprisaient même ce type d'activité[29].

Les femmes cueillaient aussi une grande variété de fruits sauvages et de racines comestibles qu'elles faisaient généralement sécher et qu'elles ajoutaient aux potages de viande séchée pour en rehausser le goût. Les Amérindiens des Prairies appréciaient beaucoup les petites poires, communément appelées *saskatoons*, ainsi que les cerises de Virginie. Le navet indien (*wild turnip*) était l'une des racines comestibles les plus utilisées. Les Amérindiens des Plaines la mangeaient crue, rôtie, bouillie ou encore broyée et mélangée aux potages[30]. Enfin, certains groupes qui fréquentaient les régions boisées, comme les Cris des Plaines, recueillaient aussi l'eau d'érable qu'ils faisaient bouillir et qu'ils transformaient en sirop[31].

LES AMÉRINDIENS DE LA CÔTE NORD-OUEST

La Côte Nord-Ouest était certainement la région du Canada où l'on retrouvait les plus fortes concentrations de populations autochtones. Au XVIIIe siècle, environ 40 p. 100 de l'ensemble des Amérindiens en territoire canadien vivait dans cette zone relativement exiguë[32]. Les Amérindiens de la Côte Nord-Ouest se divisaient en huit grandes nations ou tribus: les Tlingits, les Tsimshians, les Haïdas, les Kwakiutls, les Bellas Bellas, les Bellas Coolas, les Nootkas et les Salishs. Même s'ils ne pratiquaient pas ou très peu l'agriculture, ces Amérindiens étaient sédentaires et vivaient dans des villages permanents.

L'océan et les rivières étaient les «champs de maïs» des Amérindiens de la Côte Nord-Ouest. La richesse du milieu côtier était impressionnante. Elle avait non seulement permis la sédentarisation de ces populations autochtones, mais aussi l'émergence de sociétés complexes. Dans cette région, l'esprit égalitaire, qui régnait chez les autres nations amérindiennes du Canada, avait cédé la place à une hiérarchie sociale très marquée. Chaque village comptait ses «nobles», ses «roturiers» et ses esclaves. Il existait des écarts importants entre les richesses possédées par chaque famille et ces différences étaient à la base du processus qui permettait d'instaurer, de maintenir et de renforcer la stratification sociale[33].

Les produits de la mer et des rivières représentaient environ 85 p. 100 de l'alimentation des Amérindiens de la Côte Nord-Ouest[34]. Ils pêchaient de nombreuses variétés de poissons (morue, flétan, éperlan, esturgeon, hareng, eulachon...), mais le saumon constituait leur principale ressource alimentaire. Comme les différentes espèces de saumons du Pacifique avaient un cycle de vie régulier et remontaient chaque été les rivières pour aller frayer en eau douce, les Amérindiens pouvaient planifier de grandes opérations de pêche qui comblaient une partie substantielle des besoins annuels en nourriture[35].

Les techniques de pêche des Amérindiens de la Côte Nord-Ouest étaient très diversifiées et sophistiquées. Piéger et poser des trappes à poisson étaient les méthodes de pêche les plus productives. Placés en travers des rivières, d'ingénieux barrages en forme de palissade interceptaient les saumons dans leur remontée et les faisaient dévier vers des pièges ou vers des endroits où des pêcheurs, munis d'un trident, pouvaient facilement les harponner[36]. Les Amérindiens de la Côte Nord-Ouest érigeaient aussi des murs de pierre dans des baies ou à l'embouchure de petites rivières. À marée haute, l'eau recouvrait complètement ces barrages mais, à marée basse, les poissons étaient pris au piège dans les eaux peu profondes que le barrage avait retenues. Certaines de ces trappes à poisson dépassaient les cent mètres de longueur et leur construction avait certainement exigé la participation de plusieurs travailleurs[37].

Les Amérindiens de la Côte Nord-Ouest utilisaient généralement les filets pour la pêche aux poissons qui se déplaçaient en bancs très denses, comme le hareng ou l'eulachon (aussi appelé poisson-chandelle en raison de l'abondance de son huile). Les harpons étaient surtout utilisés pour la pêche aux très gros poissons, comme le grand flétan ou l'esturgeon, ou encore pour la chasse aux mammifères marins comme le marsouin, le morse, l'otarie, le phoque et même la baleine. Les Amérindiens faisaient preuve d'une grande ingéniosité dans la conception de leurs harpons, notamment de ceux à tête basculante. La tête de ces harpons était confectionnée à l'aide de deux moitiés en andouiller fixées de chaque côté d'une pointe tranchante en pierre ou en coquillage. Cette pointe était percée

CUILLÈRE SCULPTÉE DANS DE LA CORNE
Musée de la civilisation

Cette cuillère ovale fut sculptée dans de la corne, sans doute par des Amérindiens Haïdas.

pour y attacher la ligne de récupération. La tête du harpon se détachait du manche après avoir pénétré la chair de l'animal, mais restait fixée à la ligne sur laquelle les pêcheurs tiraient pour récupérer la prise[38].

Tous les Amérindiens de la Côte Nord-Ouest récupéraient les carcasses des baleines échouées le long des côtes, mais seuls certains groupes, notamment les Nootkas, poursuivaient ces gigantesques mammifères à bord de longues pirogues conçues pour affronter la haute mer. La baleine grise était l'espèce la plus communément pourchassée par les Amérindiens de la Côte Nord-Ouest, qui la dardaient de grands harpons d'environ six mètres de longueur. Des flotteurs en peau de phoque étaient fixés à la ligne pour empêcher la baleine de plonger vers le fond et pour la maintenir à la surface après sa mort. Les Amérindiens consommaient la chair et la peau de ce mammifère marin, qui était toutefois surtout recherché pour les grandes quantités d'huile qui pouvaient être extraites de sa graisse[39].

La pêche était une activité essentiellement masculine, tandis que la cueillette, aussi bien celle des mollusques et des crustacés que celle des fruits sauvages et des racines comestibles, était l'affaire des femmes. Celles-ci s'occupaient aussi de préparer le poisson pour la conservation[40]. Pour le découper et l'éventrer, elles utilisaient des couteaux en ardoise ou encore des éclats de galets ou des coquilles de moules polies[41]. Lorsque le temps le permettait, le poisson était séché au soleil sur de grands châssis de bois construits à l'extérieur; sinon, il était fumé à l'intérieur dans des huttes aménagées à cet effet. Les Amérindiens entreposaient leurs réserves de poissons séchés ou fumés dans des fosses souterraines dont l'intérieur avait été recouvert d'écorce, ou encore dans des caches hors sol[42].

La technique de la poterie n'était pas employée par les Amérindiens de la Côte Nord-Ouest et la plupart des objets domestiques utilisés dans l'alimentation étaient en bois. Les repas étaient consommés dans des récipients «en forme d'auge, obtenus en évidant une bûche[43]». La forme des contenants utilisés quotidiennement n'était pas très élaborée, mais les énormes bols destinés aux fêtes ou aux cérémonies étaient finement sculptés[44]. Le bois était aussi utilisé pour fabriquer de grandes boîtes étanches qui servaient non seulement à la conservation des aliments, mais aussi à leur cuisson grâce à la technique des pierres chauffées. La nourriture pouvait aussi être consommée dans des paniers tressés par les femmes, qui employaient pour leur fabrication l'écorce intérieure du thuya, des racines de sapin ou des herbes tissées. Ces paniers étaient tressés tellement serré qu'ils ne laissaient passer aucun liquide. Comme les grandes boîtes de bois, ils pouvaient servir de récipients pour faire bouillir les aliments avec des pierres rougies au feu.

La rencontre avec les Européens marqua pour les Amérindiens du Canada le début d'une série de transformations sociales et culturelles importantes. Le domaine alimentaire n'échappa évidemment pas à ce phénomène. Dès le début du XVIIe siècle, certains aliments «exotiques» avaient fait leur entrée dans l'alimentation des Amérindiens de l'est du Canada. Il manque malheureusement plusieurs sources documentaires qui nous permettraient de suivre l'évolution des pratiques alimentaires autochtones et elles n'ont jamais fait l'objet d'une étude systématique. Il est certain, par contre, que les emprunts alimentaires allaient de pair avec des transformations sociales et culturelles plus profondes. Tant que le mode de vie des Amérindiens ne fut pas chambardé, la part occupée par les aliments «étrangers» resta modeste.

Le rythme des transformations dans le domaine alimentaire fut certainement plus rapide parmi les communautés amérindiennes établies à proximité des centres de colonisation, où les contacts réguliers avec les nouveaux venus favorisaient l'intégration de certaines pratiques étrangères. Si on prend l'exemple du Québec, il est certain que le processus de «canadianisation» fut beaucoup plus rapide dans la vallée du fleuve Saint-Laurent qu'en dehors des zones de colonisation française des XVIIe et XVIIIe siècles. Ainsi, le mode de vie des groupes de chasseurs algonquins, comme les Montagnais ou les Cris, ne connut de transformations radicales qu'à partir du XIXe siècle avec la colonisation des zones périphériques, le développement des exploitations forestières et la pêche commerciale. Dans le cas des Amérindiens des Prairies, c'est l'extermination du bison, à la fin du XIXe siècle, combinée à l'arrivée massive des colons qui marqua la fin de leur mode de subsistance traditionnel et le début de la vie sur les réserves où certains s'adonnèrent, avec plus ou moins de succès, à l'agriculture et à l'élevage du bétail.

Les changements les plus rapides dans le monde alimentaire autochtone se firent sentir surtout en ce qui concerne le matériel utilisé dans l'alimentation. Pour la préparation des repas, l'introduction des chaudrons en cuivre fut sans conteste une innovation percutante et appréciée. Cette nouvelle «technologie» suscita d'emblée l'enthousiasme des Amérindiens qui l'intégrèrent rapidement à leur culture. D'autres objets utilitaires en provenance d'Europe eurent des incidences dans le domaine alimentaire. C'est le cas, par exemple, des couteaux en métal, utilisés dans la préparation de la viande et du poisson, des haches en acier qui facilitèrent considérablement le travail de défrichement des champs, ou encore des armes à feu européennes qui permirent de chasser plus efficacement le gibier.

Mais ces changements, malgré leur importance, n'entraînèrent pas automatiquement un chambardement dans la conception et l'utilisation des outils. Au-delà des transformations, ce qui frappe, c'est la persistance culturelle remarquable à fabriquer et à utiliser plusieurs objets traditionnels. Par exemple, même si le mode de vie des communautés iroquoises de la vallée du Saint-Laurent connut des transformations significatives aux XVIIe, XVIIIe et XIXe siècles, de nombreux objets traditionnels du domaine alimentaire étaient encore fabriqués et en usage chez les Iroquois au début du XXe siècle. Les mortiers étaient encore fabriqués à l'ancienne, tout comme les plats et les récipients en bois ou en écorce. Les traditions artisanales rattachées à la confection des contenants et des ustensiles en écorce ou en bois étaient tout aussi vivantes, sinon davantage, parmi les communautés algonquines qui vivaient «en périphérie». Les nombreux objets en écorce et en bois rassemblés aux XIXe et XXe siècles par certains collectionneurs privés reflètent bien cette continuité qui ne demande qu'à être mieux connue et appréciée.

GRANDES CUILLÈRES ET LOUCHES SCULPTÉES
Musée de la civilisation

Grandes cuillères et louches de bois sculptées par des Iroquois, au XIXe siècle ou au début du siècle suivant.

Sous la tente, Schefferville

André Michel

Huile sur toile, 1979

61 x 76 cm

II

«LES MANIÈRES DE TABLE» INDIENNES

Ce qu'en pensaient les Européens

PAR ANNE VITART, *responsable des collections d'Amérique du Nord*
Musée de l'Homme, Paris

« Ainsi peut-on espérer découvrir... comment la cuisine d'une société est un langage dans lequel elle traduit inconsciemment sa structure, à moins que, sans le savoir davantage, elle ne se résigne à y dévoiler ses contradictions[1].»

Dans la construction mythologique de leur histoire, les hommes à travers le monde semblent avoir privilégié le rôti comme première transformation culinaire, ce procédé ne demandant pas d'élaboration particulière et restant le plus proche du cru; par ce fait, il s'oppose, dans l'échelle chronologique de l'évolution, au bouilli, transformation culturellement et sociologiquement élaborée.

«Dans les temps anciens, les hommes rôtissaient tout», écrit Aristote, et un mythe huron-wendat dit comment «le Créateur fit jaillir le feu et ordonna au premier homme d'embrocher une pièce de viande sur un bâton et de la faire rôtir. Mais l'homme était si ignorant qu'il la laissa sur le feu jusqu'à ce qu'elle soit carbonisée tout en restant crue de l'autre côté[2].»

PANIER EN ÉCORCE
Musée de la civilisation

Confectionné par des Montagnais, ce petit panier, sans fonction connue, servait peut-être à la conservation des aliments. Il est composé de cinq pièces d'écorce de bouleau bombées vers l'extérieur.

Dans cette perspective, et en toute bonne logique pour la mentalité française du XVIe siècle, les Amérindiens, en particulier ceux d'Amérique du Nord, puisque «sauvages» ne pouvaient avoir une cuisine culturellement élaborée; enfants de la nature, leurs «manières de table» se devaient d'être naturelles et leurs aliments se devaient donc d'être rôtis.

Ainsi, lorsque Cartier rencontra un groupe d'Iroquoiens du Saint-Laurent sur les bords de la baie de Gaspé, il les prit pour les plus pauvres gens qui soient au monde, puisqu'ils n'avaient apparemment pas d'autres demeures que leurs bateaux retournés et il constata «qu'ils mangent leur chair quasi crue après estre ung peu eschauffée sur les charbons et pareillement leurs poissons».

Cependant, cette première impression se nuance rapidement. Devant l'alimentation comme devant les structures sociales ou la religion, les Français de cette époque sont partagés entre l'incompréhension, le doute et l'admiration. Ces gens qui semblent ne pas avoir de chefs ne vivent pourtant pas dans l'anarchie; la liberté de leur vie devrait les condamner à une damnation rapide et pourtant ils sont heureux, aiment leurs enfants, sont gais et hospitaliers et leur nourriture, qui devrait refléter les premiers âges de l'humanité, se trouve être aussi élaborée que la cuisine européenne. Ils mangent de la bonne viande, il y a autant de gibier d'eau qu'ils en veulent et du poisson en abondance; ils emploient une grande variété de plantes, sauvages ou cultivées, la plupart inconnues des Européens, et surtout jouent avec les différents modes de cuisson et de conservation dans des buts à la fois gastronomiques et rituels.

Sous la plume des premiers chroniqueurs d'Amérique du Nord, l'alimentation, qui pourrait sembler pourtant moins essentielle à observer que la religion ou les structures sociales, est cependant présente en permanence, révélant par cette présence même son importance et mettant en évidence le rôle de la cuisine dans les comportements sociaux et religieux des peuples amérindiens.

Une des choses les plus déroutantes pour des hommes comme Cartier ou le missionnaire récollet Gabriel Sagard est l'opposition entre l'abondance des produits fournis par la nature, la facilité (apparente) à se les procurer et la frugalité des repas indiens qui se résument selon eux presque quotidiennement à un plat de sagamité, maïs pilé cuit à l'eau. En voyage ou en campagne, cette frugalité rejoint l'ascétisme: «Chacun porte derrière son dos un sac plein de farine de blé (maïs) rôti et grillée sous les cendres qu'ils mangent crue sans être détrempée ou détrempée avec un peu d'eau... et ils font durer cette farine jusqu'à leur retour qui est environ six semaines ou deux mois de temps[3].» Cette frugalité suscite chez le moine récollet une réflexion sur le comportement des armées françaises qui vivent sur le dos des populations et il constate que «si les chrétiens usaient de telle sobriété ils pourraient entretenir de très puissantes armées avec peu de frais et faire la guerre... sans la foule du peuple et la ruine du pays». Il constate également le pouvoir nutritif du maïs et conclut «qu'il serait bien à désirer que l'on semât de ce blé d'Inde par toutes les provinces de France, pour l'entretien et la nourriture des pauvres qui y sont en abondance, car avec un peu de ce blé, ils se pourraient aussi facilement nourrir et entretenir que les sauvages... et ainsi ils ne souffriraient de disette et ne seraient non plus contraints de courir mendiants par les villes, bourgs et villages comme ils font journellement, parce qu'outre que ce blé nourrit et rassasie grandement, il porte toujours sa sauce avec soi sans qu'il y soit besoin de viande, poisson, beurre, sel ou épice, si on ne veut».

Mais cette frugalité dont on peut faire l'apologie sur un plan politique semble extrêmement fastidieuse dans le quotidien et la sagamité de tous les jours, même mélangée à des baies, des morceaux de viande ou de poisson, manque de charme. En outre, le rapport à la cuisine n'est pas toujours facile; le manque de sel, les odeurs différentes, les comportements éloignés de ceux de France, mal acceptés, accentuent les divergences. Ainsi Cartier refuse les mets préparés pour lui «... pour ce que lesdits vivres n'étaient pas à notre goût et qu'il n'y avait goût de sel, les remerciâmes en leur faisant signe que n'avions besoin de repaître» de même que Sagard, visitant les maisons de Huronia, accepte rarement de manger ce que lui offre le maître de maison «tant à cause qu'il (le pot de sagamité) sentait trop le poisson puant que parce que les chiens y mettaient souvent le nez...». Tous les deux font preuve par leur attitude d'une méconnaissance totale des règles élémentaires de politesse qui veulent que, dans les sociétés amérindiennes, les aliments offerts soient acceptés et que l'hôte arrivant dans une maison mange en silence avant de parler de ce qui l'amène.

Cependant, si Cartier, Sagard et plus tard Champlain entretiennent avec la cuisine huronne une relation très prudente, il n'en est pas de même pour un J. B. Bossu qui, au XVIIIe siècle, s'il constate la même frugalité pendant les déplacements, emploie les mots «abondance, régal et délicieux», pour caractériser les repas qu'on lui sert.

Ces réactions opposées font apparaître la nature des conduites alimentaires, influencées par les paramètres sociologiques, culturels, économiques, esthétiques, religieux et psychologiques et non directement liées au goût ou à l'apparence de tel ou tel plat. À première vue, la cuisine de l'autre, c'est l'enfer «... parfois pavé de bonnes surprises», mais ceux qui arrivent à surmonter leur défiance instinctive découvrent avec plaisir une cuisine étrangère. Restent ceux qui avalent le contenu de leur assiette en attendant des jours meilleurs. Cartier fait partie de ces derniers ainsi que Sagard qui, de retour à Québec, refuse la farine cuite, arrosée de suif d'élan fondu: «car (sentant) déjà l'air de Québec, ces viandes insipides et de mauvais goût ne me semblaient pas si bonnes qu'auparavant.»

Plusieurs raisons se cachent sûrement derrière ces attitudes négatives, une des plus probables étant que le déséquilibre entre l'abondance des produits naturels, tant végétaux qu'animaux, et la frugalité des repas quotidiens entraîne, chez ces hommes venus d'un pays de disette latente et de nourriture en général monotone et fort proche de la diète amérindienne, une frustration inconsciente qui peut expliquer leur recul instinctif et persistant devant un plat de simple sagamité. La différence culturelle, qui devrait être grande entre «civilisés» et «sauvages», n'existe pas sur le plan culinaire, ce qui est à la fois insupportable et fascinant; d'où, de nouveau, une attitude ambivalente de la part des Français qui trouvent la nourriture sans attrait, mais qui se donnent la peine de relever un grand nombre de recettes en reconnaissant que certains mets sont de très bon goût.

PLAT EN ÉCORCE
Musée de la civilisation

Ce plat, confectionné au XIXe siècle par des Hurons de la région de Québec, servait sans doute à la cueillette des fruits sauvages.

De plus, le rôle important joué par la nourriture dans l'ordre social et dans l'ordre du monde amérindien, donc reflété dans les comportements de groupe, a été peu compris par les premiers chroniqueurs. Ces fonctions sont très éloignées de la pensée européenne. En ancienne France, les différences de cuisson faisaient simplement du rôti un plat de banquet aristocratique et du bouilli, un plat familial et populaire. Mais dans la pensée amérindienne, le bouilli symbolisait la «totalité cosmique[4]». Ainsi, les Ojibwés mangeaient en général les écureuils rôtis, mais les faisaient bouillir quand ils voulaient attirer la pluie; chez les Cris, c'est grâce au bouilli que la terre a été organisée: «Le Créateur ordonna aux hommes de faire bouillir les premières baies de l'année et de présenter d'abord la coupe au soleil en le priant de faire mûrir les baies, puis au tonnerre pour qu'il pleuve, puis à la terre afin qu'elle porte des fruits[5].» L'eau a donc ici une fonction médiatrice et non seulement culinaire, alors qu'en France, elle serait simplement synonyme de pauvreté ou du moins «d'économie».

En outre, même si l'origine de la religion chrétienne repose sur un repas, au XVIe siècle, le festin est assimilé à la fête et ne peut être considéré comme une affaire solennelle. Si celle-ci existe, elle aura été traitée avant. Les Français eurent du mal à comprendre le rituel et les règles strictes qui régissaient ce qu'ils appelaient les «festins indiens», toujours donnés dans une intention spécifique; la nourriture consommée correspondait à ce dessein et les comportements étaient stéréotypés.

En général, les invités se rendaient dans la maison de l'hôte portant à deux mains devant eux leur écuelle et la cuillère dedans. L'hôte accueillait ses convives par des mots de bienvenue et annonçait la raison du festin; à partir de ce moment-là, personne ne pouvait entrer dans la maison pendant

CONTENANT EN ÉCORCE DU XIXe SIÈCLE POUR LA CONSERVATION DES ALIMENTS
Musée de la civilisation

Ce petit panier en écorce de bouleau, sans décoration, fut fabriqué par des Montagnais vers 1840. Il servait à la conservation des aliments. Le renfort de bois à l'ouverture est fixé à l'écorce par des racines de conifère, utilisées aussi pour faire les coutures.

toute la durée du repas. On disait également ce qui cuisait dans la chaudière et chacun devait manger tout ce qui était dans son assiette, sinon on était obligé de se racheter auprès du maître de maison et de donner son assiette à finir à quelqu'un d'autre. «De quelque animal que se fasse le festin, la tête entière est toujours donnée au principal capitaine ou à un des plus vaillants à la volonté du maître de maison... pour les autres conviés de moindre importance, si la bête est grosse comme un ours, un élan, un esturgeon ou quelque homme de leurs ennemis, chacun a un morceau du corps et le reste est démincé dans le brouet clair pour le rendre meilleur[6].» L'hôte ne mange pas avec ses invités, mais fume, chante et entretient la compagnie.

Il y avait des festins «à tout manger» offerts pour le premier gibier tué par un jeune homme où l'animal était distribué entre les convives qui mangeaient en silence, des festins «à chanter» qui se donnaient à l'occasion de toutes les affaires importantes qui concernaient le village ou la nation, des festins de «guerre» où les hommes mimaient le combat et chantaient des chants de guerre et des festins «de victoire» où les hommes à tour de rôle chantaient pendant tout le repas.

Brébeuf ayant assisté à trois de ces repas «à chanter» parle de trente cerfs pour l'un, de vingt cerfs et quatre ours pour l'autre, enfin de cinquante gros poissons semblables à des brochets et de cent vingt saumons pour le troisième. Sagard décrit pour un festin «de guerre» six grandes chaudières pleines de grands poissons boucanés «sans compter les farines et les huiles pour les graisser».

Entre cette opulence occasionnelle et la frugalité quotidienne, quel était réellement le comportement alimentaire des peuples d'Amérique du Nord, plus particulièrement des régions boisées du Nord-Est au moment des premiers contacts?

Même si la monotonie et le plat unique dominent apparemment les textes des premiers observateurs, il apparaît rapidement que la cuisine amérindienne était très éloignée de cet état de pauvreté.

Aussi élaborée que toute autre, elle s'organisait autour du triangle culinaire défini par Lévi-Strauss et déclinait le cru, le cuit et le pourri selon plusieurs styles. L'alimentation reposait effectivement sur le maïs, mais préparé de différentes façons, car, comme le note Sagard en se contredisant lui-même, «ils sont soigneux de faire le menestre de diverses manières pour le trouver meilleur». Le mets le plus courant était la sagamité, bouillie de farine de maïs apprêtée de plusieurs façons et ayant une consistance et un goût différents, selon la manière dont les grains étaient cuits et la partie de la farine utilisée.

La plus agréable aux palais français, peut-être parce que n'étant pas une bouillie, était faite d'épis de maïs non mûrs, rôtis au feu, et dont les grains étaient ensuite mélangés avec ⅓ de haricots; cette préparation était conservée telle quelle dans de grands récipients en écorce. Pour les repas, on en prélevait une certaine quantité que l'on faisait bouillir dans l'eau en ajoutant de la viande ou du poisson. En langue huronne, selon Sagard, ce plat s'appelait neintahouy.

Quant à la sagamité ordinaire, «le potage et le mets quotidien» lassant et insipide appelé ottet, elle était faite de maïs cru, réduit en poudre sans en séparer ni la farine ni la balle et bouilli dans de l'eau.

Mais la sagamité n'était pas la seule façon d'apprêter le maïs; on le mangeait aussi en pains. L'andataroni était fait de grains bouillis, séchés, broyés en farine, laquelle était pétrie avec de l'eau tiède. La pâte obtenue était mélangée à des haricots entiers ou à différents fruits sauvages, fraises, bleuets, mûres... pour lui donner du goût. Elle était ensuite cuite sous la braise, enveloppée de feuilles de maïs. Un autre pain, le coimba, qui avait la forme de deux balles jointes ensemble, était, lui aussi, enveloppé dans les feuilles de maïs, mais était bouilli à l'eau. Enfin, le «pain mâché» qui inspirait un grand dégoût aux Français était fait d'épis non mûrs dont les femmes et les filles mâchaient les grains; elles recrachaient la bouillie obtenue dans des mortiers et achevaient de l'y écraser. La pâte très molle ainsi obtenue était enveloppée de feuilles de maïs et cuite sous les braises.

Les opinions sur la saveur relative de ces différents plats varient selon les individus; Lafitau les trouve «pesants et insipides», Roberval estime que leur pain est «délicieux», mais tous s'accordent à repousser radicalement et à refuser

CUILLÈRE DE BOIS
Musée de la civilisation

De fabrication récente, cette cuillère de bois fut sculptée par Simon Awashish, un Attikamek de Sanmaur (Québec). Un renflement de bois, à l'extrémité de la cuillère, pouvait servir de support.

de manger d'un mets appelé léindohy ou «blé puant». «Quoique le goût et l'odeur en soient très puants et infects plus que ne sont les égouts mêmes, nous dit Sagard, et qu'il imprime aux mains une mauvaise odeur qui dure plusieurs jours», ce maïs était le plus prisé et servait à faire des festins de grande importance. Il s'agissait d'épis cueillis très tendres, encore blancs, de manière qu'ils puissent bien prendre l'odeur, et mis à macérer dans des mares d'eau croupie pendant de longues semaines; «et lorsqu'ils (les Indiens) les retirent de l'eau... on les voit lécher et savourer avec plaisir cette eau qui en découle et dont l'odeur est insupportable[7].» Les épis sont frottés avec des cendres pour en relever le goût, lavés et ébouillantés. Les femmes éclatent ensuite chaque grain entre deux pierres ou les mettent à cuire entiers dans la marmite. Ces attitudes de répulsion mettent en évidence la relativité des odeurs et des goûts, résultats de l'apprentissage culturel et non du choix de l'individu. Toute cuisine a sa relation au pourri et «il n'y a aucune raison que ce soit la même pour tous[8]». Le nuoc-mâm des Asiatiques continue à être considéré par la plupart des gens comme immangeable, de même que le fafaru des Polynésiens; sans parler du camembert qui semble être apprécié seulement par les Français.

Bien que ce besoin de fermentation inhérent à toute gastronomie soit présent dans la cuisine amérindienne, il est longtemps resté inaperçu des Européens. Peut-être parce que le pourri, transformation naturelle, ne peut être consommé qu'après manipulation par l'homme et représente donc le triomphe de l'élaboration culinaire, ce qui est à l'opposé d'une cuisine «sauvage». Dans les années 1930, l'ingénieur «coureur des bois» Paul Provencher rapportait l'attirance des Montagnais pour les mets fermentés, en particulier les panses de caribous suries.

«Les panses étaient vidées du tiers de leur contenu que l'on remplaçait par le sang chaud de l'animal... à chaque panse... il mélangeait vigoureusement avec la main cette bouillie odorante, puis... il fermait la panse en faisant un nœud dans la peau libre de l'enveloppe... (il disait) ça c'est bon, de la confiture.» Cette «confiture» était laissée à fermenter pendant six jours derrière le poêle du cabanage. À ce moment-là, elle était à point et servait de condiment aux repas.

À côté des repas, trop semblables à ceux de France ou trop élaborés pour être «sauvages», les manières de table, sans lesquelles la cuisine n'existe pas totalement, sont également déconcertantes. «La nourriture était préparée tous les matins, ensuite distribuée dans des petits plats d'écorce... en aussi grand nombre qu'il y a d'habitants dans la cabane; chacun en mange quand il a faim, jour et nuit... outre cela on remplit un grand plat... qu'on sert à toutes les personnes qui entrent... qu'elles soient étrangères ou du village.»

«À peine celui qui arrive est-il rentré que l'on met devant lui à manger sans rien dire et lui-même mange sans façon avant d'ouvrir la bouche et déclarer le sujet qui l'amène[9].»

La liberté de manger quand on en ressent le besoin embarrasse les Français habitués à «se mettre à table» à des heures régulières. Déjà, Colomb remarquait que les Amérindiens «mangeaient quand ça leur plaisait» et Catlin écrit: «les Mandans n'ont pas d'heure établie pour les repas mais mangent en général deux fois par 24 heures... La marmite bout en permanence au dessus du feu et celui qui a faim... a le droit de se mettre à manger à son gré... chacun au sein de la communauté a le droit de pénétrer sous n'importe quel wigwam... et de manger quand il a faim.»

Plat sculpté
Musée de la civilisation

Ce plat, sans doute sculpté au XIXe siècle par des Iroquois, servait à la préparation des aliments. La forme des plats iroquois pouvait varier, mais la plupart étaient ronds. Certains avaient des poignées, sculptées dans la même pièce de bois.

Enfin, les façons de se tenir pendant les repas rappellent de manière déconcertante certaines coutumes du monde antique. Ainsi, les Mandans s'assoient en tailleur ou bien «prennent leur repas allongés, jambes étendues, le corps s'appuyant sur le coude et l'avant bras[10].»

Qu'il s'agisse des habitudes alimentaires, de la vie sociale ou de la religion, les Européens se trouvent devant une conduite de liberté individuelle parfaitement gérée. Même en ce qui concerne la cuisine, l'individu est libre et responsable et il choisit son comportement, conduite qui va à l'encontre des règles de la société européenne où le groupe impose ses règles à l'individu.

La cuisine amérindienne qui combine des préparations diverses à base de maïs, de baies, de fruits, de courges, de viande et de poisson est en réalité riche et nourrissante. Alliée à une hospitalité jamais démentie, cette cuisine fait noter à Sagard: «quand nous les allions visiter... ils nous faisaient aussi bonne place auprès d'eux au plus bel endroit...», et elle fut en grande partie à l'origine de l'adaptation rapide des colons européens sur le sol américain...

C'est peut-être aussi grâce à la cuisine que l'on comprend mieux la raison de cet engouement pour l'Amérique et ses premiers habitants, engouement qui gouverne l'imaginaire européen depuis plus de 500 ans. Tout se passe comme si l'inconscient de l'Occident se révélait à lui-même à travers cette attirance et qu'il pressentait que les valeurs amérindiennes, philosophiques, religieuses et sociales seraient celles vers lesquelles tendraient les sociétés du XXe siècle.

L'APPORT À LA CUISINE INTERNATIONALE

Les Européens apprirent des Amérindiens à connaître et à conserver par différentes méthodes des produits variés: viande, poisson, baies sauvages, céréales, légumes... Ils apprirent également à se régaler d'un certain nombre de produits de l'océan, inconnus en Europe. Ainsi en est-il des clams, grosses palourdes de l'Atlantique que les puritains croyaient empoisonnées jusqu'à ce qu'ils apprennent à les cuire dans un four en terre avec des algues, cuisson d'ailleurs toujours utilisée actuellement.

D'autres recettes, que l'on confectionne encore, sont issues de techniques culinaires amérindiennes et adaptées par la suite à des produits européens ou africains. Elles sont à l'origine de certaines cuisines spécifiques comme la cuisine cajun de Louisiane et la cuisine coloniale.

L'actuelle polenta italienne semble être une variante de la sagamité qui s'appelait «eschionque». Elle était faite de grains de maïs grillés dans le sable, sous les braises, et broyés ensuite très fin. La farine obtenue était ventilée pour ne garder que la fine fleur que l'on faisait cuire dans un bouillon où avait déjà mijoté un morceau de viande ou de poisson. On ajoutait beaucoup de citrouilles et on faisait bouillir, en tournant la masse pour empêcher qu'elle ne se mette en morceaux, jusqu'à ce qu'elle soit suffisamment épaisse; on la dressait ensuite dans les écuelles avec un peu d'huile ou de graisse. Comme le remarque Sagard, cette sagamité «est très bonne et rassasie grandement».

Les Amérindiens apprirent aux colons à faire bouillir ensemble des grains de maïs encore verts et des haricots en mélangeant le tout à de la viande d'ours et, selon la saison, à différents légumes. Ce «pot-au-feu» portait le nom indien de «succotash». Il est actuellement consommé sous le nom de soupe de maïs vert. Les Amérindiens plongeaient aussi des cuillères de farine de maïs dans des pots de graisse d'ours chaude pour faire un pain grillé, qu'ils trempaient parfois dans du sirop d'érable; peu à peu, les colons remplacèrent la graisse d'ours par de la graisse de porc ou de l'huile de maïs, mais le plat resta le même et prit le nom de «hushpuppies». Ce procédé de cuisson, élaboré avec de la farine de blé et non de maïs, est à l'origine du «pain indien» des colons. À la fin du XVIIIe siècle, John Tanner, captif pendant trente ans des Amérindiens Ojibwés, raconte comment, convié sous le tipi du chef, «les femmes sortirent d'un sac une nourriture que nous n'avions jamais vue et qui excitait considérablement notre curiosité. Cette substance placée devant nous, nous constatâmes qu'elle consistait en un agrégat de petits poissons de taille égale... quand les femmes les enfouirent dans la marmite ils étaient encore gelés...» Nous connaissons maintenant les aliments surgelés et une telle technique de conservation et de cuisson ne nous est plus étrangère. Mais les Amérindiens la pratiquaient déjà, il y a plus de 200 ans.

En fait, la cuisine amérindienne, ou du moins les éléments qui la composent, «a rendu possible le développement de cuisines locales, nationales et internationales à un degré qui est difficile à imaginer», écrit Jack Weatherford dans *Indian Givers*. Dès les premiers voyages de Colomb, des produits originaires des Amériques atteignirent même des endroits reculés du Sahara. En Chine, des aliments comme le chili, les cacahuètes et la patate douce, utilisés en pâte, furent introduits par les Portugais dans leur colonie de Macao. Actuellement, peut-on concevoir une cuisine occidentale sans huile de tournesol, sans maïs, sans haricots, et ce, sans parler des autres aliments que nous n'avons pas mentionnés dans ce texte, car originaires de régions plus méridionales, comme la tomate, le chocolat, l'avocat ou la pomme de terre?

Les peuples amérindiens, particulièrement en Amérique du Nord, avaient su développer, tout au long de leur histoire et en dépit des différences de climat et d'environnement, une alimentation très proche de notre alimentation actuelle, dont les caractéristiques principales (absence de sel, peu de graisses pour certaines tribus, apport en vitamines et en protéines) marquent la diététique moderne.

GRATTAGE DE LA BANIQUE, MOISIE

André Michel

Huile sur toile, 1980

51 x 61 cm

III

BANIQUE OU BANNOCK

Le *pain indien*

En général, on prétend que le pain devint un aliment de base lorsque l'homme, renonçant à la chasse et à la cueillette, se mit à semer et à moissonner. Le blé n'étant pas une céréale universellement cultivée, l'alimentation de la planète est donc basée sur le riz. Dans toute l'Amérique du Nord et l'Amérique centrale avant sa découverte par les Européens, c'est le maïs qui occupait la plus grande place.

En raison de la place que le maïs tenait dans l'alimentation, certaines nations amérindiennes ont utilisé ses grains pour fabriquer du pain ou des produits comparables. Au début, les Amérindiens mirent au point un traitement dans le but d'attendrir l'enveloppe des grains avant de les faire bouillir pour obtenir une pâte susceptible d'être transformée en fines galettes. Ils se rendirent également compte qu'en faisant sécher cette pâte, ils pouvaient de nouveau la moudre et obtenir une farine qui se conservait tout l'hiver.

De leur côté, les colons européens ayant adopté le maïs avec enthousiasme, ils l'implantèrent dans leur pays d'origine où les sols n'étaient pas toujours propices à la culture du blé. Le maïs donna d'abondantes récoltes. Ainsi, naquirent la polenta en Italie

du Nord, le mamaliga en Roumanie et les pains de maïs en Espagne et au Portugal. L'influence des colons d'origine écossaise ou irlandaise s'est transposée dans le nom donné à ce «pain» que les Amérindiens de l'est du Canada de langue française surnomment «banique», alors que dans l'Ouest ou chez les Amérindiens qui utilisent surtout l'anglais, on l'appelle «bannock».

À l'origine, ce dernier terme englobait toutes sortes de pains plats fabriqués en Écosse, en Irlande et dans le nord de l'Angleterre, pays aux sols peu favorables à la culture des céréales. Selon les recettes, les céréales utilisées varient, mais tous les bannocks ont un point commun: ils ne lèvent pas et ils sont cuits sur une plaque à cuisson. Il existe aujourd'hui, chez les Amérindiens du Canada, quatre méthodes de cuisson selon que l'on se trouve à la maison ou en pleine nature. La pâte obtenue peut être cuite sur une plaque mise au four, dans une poêle en fer, ou encore déposée dans du sable chaud et recouverte de braises, ou tout simplement enroulée au bout d'une branche verte et cuite au-dessus d'un feu.

PRÉPARATION DE LA PÂTE
André Michel
Dessin à la sanguine
46 x 31 cm

On peut agrémenter la banique ou bannock de raisins secs, de dattes ou de pruneaux dénoyautés, de noisettes ou d'amandes mondées et hachées. Au petit déjeuner, ce pain est délicieux, servi tiède avec du beurre ou avec une légère couche de confiture. Celui aux raisins secs et aux noix accompagne fort bien un plateau de fromages. Personnellement, depuis plus de vingt ans, je sers la banique avec l'apéritif lors de mes vernissages et lorsque je reçois des amis à la maison.

ANDRÉ MICHEL

Préparation de la banique
André Michel
Dessins à la sanguine, 1978
46 x 31 cm

La Banique

POUR 8 PERSONNES

45 ml (3 c. à soupe) de levure chimique (poudre à pâte)

7,5 ml (1 ½ c. à thé) de sel

750 g (3 tasses) de farine (blanche ou de blé entier)

500 ml (2 tasses) d'eau

FACULTATIF

125 g (½ tasse) de raisins secs ou 70 g (¼ tasse) de dattes dénoyautées et hachées

70 g (¼ tasse) d'amandes mondées et hachées ou 70 g (¼ tasse) de pruneaux dénoyautés, coupés en quatre

70 g (¼ tasse) de noisettes

PRÉPARATION POUR TOUTES LES MÉTHODES DE CUISSON

- Dans un bol, incorporer la levure chimique et le sel à la farine.
- Ajouter, si désiré, les raisins secs ou autres ingrédients facultatifs, puis mélanger à la fourchette.
- Verser l'eau et mélanger à la fourchette. Ne pas pétrir inutilement.
- Saupoudrer un peu de farine sur le pourtour afin que la pâte ne soit plus collante; tasser la pâte pour former un pain de forme allongée.

CUITE DANS UN FOUR

- Préchauffer le four à 200 °C (400 °F) avant de commencer la préparation.
- Placer la pâte sur une plaque à biscuits graissée ou tout autre plat allant au four, assez grand pour recevoir le pain; celui-ci ne doit pas adhérer aux bords du plat.
- Cuire pendant 30 à 35 minutes ou jusqu'à ce que le pain présente une belle couleur dorée.
- À la sortie du four, éliminer la farine superflue et badigeonner de beurre fondu, si désiré.
- Laisser refroidir sur une grille.

Grattage de la banique
André Michel
Dessin à la sanguine
46 x 31 cm

Banique cuite dans le sable
André Michel
Dessin à la sanguine
46 x 31 cm

Cuite dans une poêle en fer

- Déposer la pâte dans la poêle et tourner régulièrement jusqu'à l'obtention d'une belle couleur dorée.
- La cuisson peut être vérifiée, comme pour les gâteaux, en piquant avec un couteau le centre du pain. Il est cuit lorsque celui-ci en ressort propre.

Cuite dans le sable

- Faire un feu de bois sur du sable fin.
- Lorsque le feu n'est plus que braises, retirer le charbon et creuser un trou dans le sable brûlant. Le trou doit être légèrement plus grand que le volume de votre pâte à pain.
- Jeter un peu de farine pour vérifier si la chaleur du sable est suffisante. La farine doit brunir en douceur.
- Déposer la pâte sur le lit de sable chaud après l'avoir aplatie pour obtenir une épaisseur de 6 à 7 cm (2½ à 3 po).
- Recouvrir de cendres, puis de braises.
- Faire un feu au-dessus et le maintenir entre 30 et 60 minutes, selon l'épaisseur de la pâte.
- Ôter la braise et le sable, puis retirer le pain doré.
- Gratter légèrement à l'aide d'un couteau la cendre ou le sable qui aurait pu adhérer à la pâte.

CUITE SUR UN BÂTON

- Couper la pâte à pain en bandes de 5 à 6 cm (2 à 2½ po) de large et 1,5 cm (¾ po) d'épaisseur ou moins.
- Placer l'extrémité d'une jeune branche, écorcée sur environ 5 cm (2 po), au-dessus du feu après avoir fixé l'autre bout dans la terre de façon que la branche soit inclinée vers le feu.
- Lorsque la sève sort du bois en grésillant, y enrouler la bande de pâte.
- Replanter au-dessus du feu et tourner au besoin jusqu'à la cuisson désirée. Vous pouvez faire de la production «de masse» et fabriquer une broche de fortune en enroulant entièrement le bâton comme un tire-bouchon géant.
- Tourner doucement, mais régulièrement, jusqu'à la cuisson désirée.
- Quelle que soit la cuisson choisie, le pain indien peut se déguster nature, avec un peu de beurre salé ou encore avec une légère couche de confiture. Il peut se conserver deux jours dans un sac en plastique. La croûte ramollira.

LA CUISSON SUR LE BÂTON
André Michel
Dessin à la sanguine
46 x 31 cm

PÊCHE SUR LE LAC GLACÉ, SCHEFFERVILLE

André Michel

Huile sur toile, 1978

76 x 61 cm

IV

«QUAND UNE CUISINE AMÉRINDIENNE A UNE SAVEUR RÉGIONALE»

La *cuisine environnementale* de Michel *Lambert*

Il est des hommes qui savent respecter leur environnement humain et naturel, qui écoutent et qui observent sans juger; des hommes dont la douceur de l'approche leur permet, à travers leur création et le respect des valeurs des autres, de partager leurs connaissances avec les gens qui les visitent. Michel Lambert est de cette race d'homme. Québécois «pure laine», il est natif d'Albanel, un petit village au nord du lac Saint-Jean dans l'Est canadien. Son père, chasseur et pêcheur, a su lui faire aimer la forêt et ses premiers habitants. Lorsque, enfant, il l'amenait avec lui pour une partie de pêche, il lui faisait comprendre de ne pas faire de bruit inutilement afin de ne pas déranger la nature, de ne toucher à rien lorsqu'ils tombaient sur des campements montagnais, «comme les Indiens font», lui disait-il. Les Amérindiens lui servaient de référence dans le bois.

Ce père trappeur et coureur des bois qui, pour l'hiver, pourvoyait sa famille en gibier tels que l'orignal, le lièvre et la perdrix, savait, durant l'été, ramener de la truite, du brochet et parfois du doré. À n'en pas

douter, c'est de cette époque que date le goût de Michel Lambert pour la nature.

Ses études à Paris, puis à Montréal en littérature, philosophie et psychologie lui ont fait prendre conscience de la richesse de ses racines nordiques.

Vers la trentaine, alors qu'il recevait des amis, il se rendit compte, bien humblement, de la pauvreté des références à son passé concernant les endroits où il les amenait manger. Cette autoanalyse va le pousser à entreprendre une recherche en cuisine régionale. Ce travail, qui touchait son coin de pays, le Saguenay-Lac-Saint-Jean, ne se limitera pas à la cuisine traditionnelle québécoise mais, comme on s'en doute, s'étendra rapidement à la cuisine amérindienne. Pour Michel Lambert, à notre plus grande satisfaction, il ne pouvait en être autrement.

Presque à la même époque, pour avoir une vision d'ensemble de cette culture, mais aussi pour les besoins de son enseignement en théâtre et en poésie, il rencontre des Amérindiens de diverses tribus: une danseuse chamane de descendance cheyenne, qui lui donnera une formation en danse thérapie puis, lors de voyages dans l'ouest des États-Unis, des guides navajos et, plus près de lui, Hélène Obomsawin, danseuse abénakise et Rita Nepton, une infirmière huronne de Mashteuiatsh. C'est avec les Montagnais, Amérindiens de la côte Nord du fleuve Saint-Laurent au Québec qui sont devenus ses amis, que Michel Lambert complétera son «bagage culinaire» avant d'ouvrir avec son épouse en 1988 La Maison de la Rivière.

Le cuisinier québécois utilise 147 plantes sauvages qui poussent dans un rayon de cent kilomètres autour de son auberge. «Ma cuisine environnementale, comme il la surnomme, est inspirée par la nature d'ici, par les gens d'ici, des Amérindiens d'abord, puis des Québécois qui sont entrés en relation avec cette nature sauvage dont j'aime parcourir les champs, la forêt, les bords des lacs et des rivières à la recherche de plantes et de nouvelles saveurs.»

ANDRÉ MICHEL

FUMAGE DU SAUMON

PLUMAGE DU GIBIER

PRÉPARATION DU GIBIER À GRILLER

MAÏS BOUILLI

André Michel
Dessins à la sanguine
31 x 46 cm

LE CRU

L'habitude de manger la viande et le poisson crus remonte à la nuit des temps, bien avant l'arrivée des Sibériens en Alaska, par le détroit de Béring, il y a maintenant un peu plus de 25 000 ans.

Les peuples du Nord-Est asiatique n'avaient-ils pas pris près d'un million d'années pour venir des forêts tropicales? Ils connaissaient déjà le feu et savaient s'en servir pour cuire leurs mammouths, leurs bisons, leurs chevaux et même leurs chameaux, mais surtout leurs caribous qu'ils préféraient par-dessus tout. Cependant, rien ne valait pour eux le sang chaud de la bête fraîchement abattue ou la graisse encore tiède qu'on s'empressait de retirer du dos de l'animal. De plus, les parties les plus tendres, comme la langue, le foie et le contenu de l'estomac étaient souvent mangées crues sur place, ou dès le retour au campement.

Il en était de même pour les saumons que l'on voyait sauter par milliers dans les rivières de l'Alaska et pour les moules que l'on trouvait en abondance sur le littoral de la Béringie. Ils aimaient le cru. En descendant à l'intérieur des terres, la présence d'une température plus chaude fit diminuer considérablement cette habitude de manger cru au profit du séchage ou du fumage.

Cependant, les Esquimaux qui les suivirent, il y a 4000 ans, avaient gardé d'Asie l'habitude de ne pas faire cuire leurs aliments. Leur installation progressive dans le Grand Nord, de l'Alaska au Groenland, dans un territoire sans problème pour la conservation par le froid, et l'absence presque totale de bois pour cuire leurs aliments leur firent garder l'habitude de manger cru. Chez les Amérindiens, cette habitude s'est réduite considérablement au point que la plupart d'entre eux ne consomment plus d'aliments crus aujourd'hui. Cependant, au début du siècle, les Nations du Nord, comme les Naskapis de l'Ungava, aimaient le gras et la moelle de caribou crus. Ils appréciaient particulièrement les noix de gras qui adhèrent aux intestins à cause de leur parfum plus accentué. Quant au poisson cru, les peuples les plus proches des Inuits, comme les Naskapis et les Cris, en consommaient sans doute, puisque les mariages entre ces nations n'étaient pas exceptionnels et que les habitudes alimentaires devaient être occasionnellement partagées. Ils utilisaient aussi le procédé de la fermentation pour augmenter le goût et cuire, en quelque sorte, les aliments crus comme le sang et la moelle qu'ils mélangeaient au lichen et au saule arctique, à moitié digérés par les caribous et trouvés dans leurs panses. Cette substance ressemblait à une espèce de pâté de foie plutôt amer qui venait compléter l'alimentation amérindienne pendant la saison froide en lui fournissant un certain apport de végétaux.

Pour illustrer le cru, j'ai choisi un poisson bien assaisonné avec des fruits acides et accompagné d'une mayonnaise au caviar et au foie de morue, pour rappeler l'utilisation courante de l'huile de phoque qui a un goût similaire et qui fait partie de l'ordinaire des Amérindiens du Nord. Ce choix sera plus proche du goût de nos lecteurs.

Tartare d'omble de l'Arctique avec sa mayonnaise aux airelles

Pour 4 personnes

SUVALIK
30 ml (2 c. à soupe) d'airelles écrasées à la fourchette
50 g (env. 2 oz) de foie de morue à l'huile, fumé
1 pincée de poivre blanc
10 ml (2 c. à thé) d'œufs de lump rouge ou de caviar
1 jaune d'œuf
125 ml (1/2 tasse) d'huile de foie de morue complétée avec de l'huile d'arachide

UUJJUK
300 g (10 oz) d'omble de l'Arctique, de saumon ou de truite en filet
22 ml (1 1/2 c. à soupe) de poivre noir concassé comme pour le steak au poivre
22 ml (1 1/2 c. à soupe) d'œufs de lump rouge ou de caviar
1 ml (1/4 c. à thé) de sel
30 ml (2 c. à soupe) d'oignon vert haché très finement

SUVALIK

Placer les airelles en purée et le foie de morue écrasé à la fourchette avec le poivre, le caviar et le jaune d'œuf dans un robot culinaire. Avec le batteur à œufs ou à mayonnaise, laisser tourner 1 minute à faible vitesse pour bien mélanger. Puis ajouter l'huile peu à peu, 5 ml (1 c. à thé) à la fois. Le tout aura l'apparence d'une mayonnaise rose. Mettre aussitôt au frais.

UUJJUK

Couper le poisson en dés, puis le hacher finement. Incorporer poivre, œufs de lump ou caviar, sel et oignon vert. Faire 4 pâtés de 75 g (2 1/2 oz) chacun. Décorer au goût et accompagner d'un fin hachis de laitue recouvert de suvalik. On peut ajouter des algues (aramés*) cuites 3 minutes et un peu d'œufs de lump ou de caviar.

Note: Si l'on n'aime pas le poisson cru, on peut le pocher dans l'eau de cuisson des algues (aramés) avec un peu de sel et on le sert sur la salade, tiède, avec le suvalik.

---

* On trouve les aramés dans les épiceries d'aliments naturels.

LE SEC

PASHTEU UIASH*

Cette recette m'a été donnée par Mme Hervieux, Montagnaise de Bersimis, sur la Côte-Nord. Je l'ai transformée, tout en conservant son esprit, pour l'adapter aux approvisionnements actuels.

Mme Hervieux me disait que le Pashteu uiash est aux vieux Montagnais ce que le caviar est aux connaisseurs européens: un mets rare, extraordinaire, que l'on partage avec nostalgie aujourd'hui. La recette authentique nécessite du caribou ou de l'orignal séché que l'on réduit en fine poudre et que l'on incorpore à de la graisse d'ours ou de caribou et à des bleuets séchés. La base du plat est donc de la viande séchée. Depuis au moins 8500 ans, les Amérindiens font sécher leur surplus de chasse ou de pêche sur des claies à hauteur d'homme. Le soleil et le vent cuisent ainsi la viande qui peut se conserver très longtemps.

En l'an 1005, lorsque les Normands tentèrent d'établir une colonie à Vinland qu'on situe aujourd'hui sur la côte Est de Terre-Neuve, ils virent que les autochtones se nourrissaient de viande séchée. Ce mets semble donc commun à toute l'Amérique du Nord. On l'appelle «pemmican» dans les plaines de l'Ouest canadien et américain; les Inuits l'appellent «nikku» et les Montagnais «Pashteu uiash». Mais il s'agit du même plat. Certaines industries alimentaires américaines l'ont commercialisé. Plusieurs d'entre elles, dans leur recette, font mariner le bœuf dans un mélange de vin rouge et d'épices fortes avant de le faire sécher. Mais il s'agit là d'une influence mexico-texane un peu éloignée de la tradition nordique qui n'aimait pas le sel et les épices, il y a à peine 50 ans encore.

* Viande séchée, en langue montagnaise.

Pour continuer notre histoire, en 1508, l'imprimeur français Robert Estienne, qui avait vu des Amérindiens capturés par des pêcheurs bretons, écrivait «qu'ils ne mangeaient que de la viande séchée et ne buvaient que de l'eau*».

Si vous voulez tenter l'expérience, vous prenez du caribou ou du cerf que vous coupez en lanières de 0,5 cm (¼ po) dans le même sens que la fibre de la viande. Vous prenez une coupe économique, par exemple les jarrets du gibier, comme le font encore les vieux Montagnais. Vous salez et poivrez chaque tranche des deux côtés et vous les déposez sur une claie à gâteau au bas du four à 60 °C (140 °F) pendant 3 heures. Vous aurez alors des chips de gibier pour accompagner vos apéritifs. Vous pourriez, comme les Cris ou les Inuits, les accompagner de vodka et de jus de citron.

Il arrive aussi que l'on fasse sécher le gibier au-dessus d'un feu d'épinette noire. À ce moment-là, le goût de la viande est considérablement modifié par la fumée du résineux. Quant à moi, je trouve le gibier séché et fumé au bois dur moins âcre. On peut donc faire le Pashteu uiash de façon différente, comme je vous le propose à la page suivante.

* Citation relevée dans une collection de magazines d'histoire québécoise: «Nos racines», n° 3.

Rillettes de canard fumé aux bleuets ou myrtilles

Pour 4 personnes

175 g (6 oz) de magret de canard de Normandie fumé, avec son gras
50 g (env. 2 oz) de graisse de canard
1 ml (1/4 c. à thé) de poivre noir moulu
50 g (env. 2 oz) de bleuets frais ou congelés

Passer le canard au hache-viande à la grille fine. Incorporer la graisse en battant le tout vigoureusement. Ajouter le poivre et les bleuets et les incorporer délicatement à la viande. Faire attention de ne pas écraser les bleuets, car ils teindraient la préparation en violet. Diviser la préparation en 4 boulettes. Mettre au frais quelques heures.

Ce plat se sert en entrée, comme des rillettes, avec un bon pain de campagne. On peut aussi l'accompagner d'une salade de verdures, de bleuets frais et d'une vinaigrette au vinaigre de bleuets et d'huile de noisettes.

LE BOUCAN

LES ALIMENTS FUMÉS

À quand remonte la technique du fumage? Quel peuple l'inventa? Il est certain que cette technique a suivi de près les premières cuissons de viande et de poisson sur le feu de bois. On finit par apprécier ce goût de fumée que les feux de bois vert donnaient à la chair du gibier et des poissons gras. Avec le temps, certains peuples développèrent des techniques de fumage particulières qui permirent de conserver les aliments aussi bien que le séchage. Si les Européens du Nord plongeaient dans la saumure ce qu'ils voulaient fumer et le fumaient dans un milieu fermé, les Amérindiens, quant à eux, fumaient les aliments à l'air libre sans leur donner d'autre préparation que de tailler le gibier en longues et minces tranches et de faire des entailles dans les filets du poisson.

Il y a 3000 ans, les Amérindiens de la côte Ouest fumaient leurs saumons à la verticale, en cercle autour du feu dans lequel ils jetaient des algues pour augmenter la fumée. Ils pouvaient fumer plus de 500 kg (1100 lb) de saumon en 2 semaines! C'était d'ailleurs la base de leur alimentation, puisque les différentes sortes de saumon montaient frayer 7 fois pendant l'année sur leur territoire. Ils n'avaient pas de problème de survie comme leurs contemporains plus au sud. À l'autre extrémité du Canada, le long du fleuve Saint-Laurent, on fumait aussi beaucoup de poissons. C'était même le cadeau principal que l'on offrait au visiteur français des XVIe et XVIIe siècles en signe d'hospitalité. Lorsque Jacques Cartier rencontra Donnacona en 1535 à Québec, on lui servit de l'anguille fumée avec du melon. Lorsque le père Jean De Quen fit ses premiers pas au Lac-Saint-Jean en 1647, on lui offrit également du poisson et du gibier fumés.

D'autre part, les Hurons qui habitaient la région des Grands Lacs, plus pauvre en gros gibier, faisaient fumer le saumon et l'esturgeon jusqu'à ce qu'ils deviennent secs. Ils les mangeaient pendant les périodes de pénurie, les longs voyages et, lorsque ce boucan devenait plus rare, ils le réduisaient en poudre et s'en servaient pour aromatiser leurs potages à la farine de maïs ou leurs potages aux haricots.

À la page suivante, je vous donne une recette qui associe poisson fumé, haricots et maïs: association typiquement amérindienne de la côte Ouest à la côte Est.

*Salade huronne Wendake**

Pour 4 personnes

175 ml (3/4 tasse) de haricots blancs et rouges, déjà cuits
175 ml (3/4 tasse) de maïs sucré, cuit ou de mini-épis de maïs
3 échalotes rouges en fines rondelles
15 ml (1 c. à soupe) de persil haché
8 tranches d'esturgeon fumé
4 tronçons d'anguille fumée, pelée, dégraissée et sans arêtes
12 extrémités de feuilles de pissenlit ou de persil plat pour décorer

VINAIGRETTE
1 ml (1/4 c. à thé) de moutarde en poudre
1 ml (1/4 c. à thé) de sel
une pincée de poivre noir
5 ml (1 c. à thé) de cassonade
7 ml (1/2 c. à soupe) de vinaigre de vin blanc ou de vinaigre de cidre
30 ml (2 c. à soupe) d'huile de tournesol

Mélanger les haricots et le maïs avec les rondelles d'échalotes et le persil. Préparer la vinaigrette et l'incorporer délicatement à la salade. Laisser mariner quelques heures à la température de la pièce avant de servir. Au moment du service, étaler dans chaque assiette deux morceaux d'esturgeon fumé et un morceau d'anguille fumée pour constituer une pointe de flèche**. Déposer la salade Wendake au milieu. Compléter avec les feuilles de pissenlit.

Note: Salade inspirée par le garde-manger des Hurons *du* XVIIe *siècle.*

---

* C'est aujourd'hui le nom du village huron près de Québec, appelé aussi L'Ancienne-Lorette.

** La pointe de flèche est un motif autochtone que l'on trouve fréquemment et qui appelle la chance ou la faveur de notre mère la Terre.

LA SAGAMITÉ

S'il est un potage typiquement amérindien, c'est bien la sagamité, potage qui fut baptisé ainsi par les missionnaires jésuites du XVIIe siècle qui suivaient les autochtones dans leurs pérégrinations. Le mot sagamité vient de l'algonquin «sagamitéou» et signifie toute forme de liquide, que ce soit de l'eau ou du brouet de céréales.

La base du potage est la farine de maïs avec de l'eau à laquelle on ajoute du poisson frais ou fumé, du petit gibier ou des herbes sauvages comme le pourpier, ainsi que le rapporte Champlain, fondateur de Québec. La recette est très vieille et provient du Sud-Ouest américain. Ses habitants en avaient eux-mêmes hérité des peuples agriculteurs de l'Amérique centrale. Ces derniers cultivaient une douzaine de plantes issues de leurs anciennes cueillettes, il y a 10 000 ans. Trois de ces plantes allaient devenir le trio alimentaire principal de l'hémisphère Sud à l'hémisphère Nord: le maïs, le haricot et la courge. Il y a 5000 ans, les peuples du Sud-Ouest américain cultivaient le maïs, mais il était petit, à peine 3 cm (1¼ po), et possédait deux douzaines de grains environ. Ces Amérindiens faisaient déjà un potage avec de la farine de maïs à laquelle ils ajoutaient du dindon sauvage, du lapin et du cerf. Les Aztèques accrurent beaucoup la productivité du maïs au Moyen Âge. Dans l'extension de leur empire vers le nord, ils entrèrent en contact avec les peuples du centre des États-Unis, comme les Mount Builders de l'Ohio. Ces derniers étaient des commerçants très habiles dont les ancêtres commerçaient déjà depuis longtemps avec les Amérindiens du lac Supérieur, spécialistes du cuivre depuis 5000 ans.

Il est donc tout à fait plausible que le maïs, la courge et le haricot furent d'abord échangés contre le cuivre et les fourrures du Nord plus lustrées et plus belles que celles du Sud. Denrée rare au début, considéré comme un élément décoratif, le maïs devint avec la courge et le haricot la base alimentaire des peuples au sud du fleuve Saint-Laurent. Les Mount Builders disparurent au VIe siècle. Cela veut dire que les anciens Iroquois habitant le sud des Grands Lacs et les Hurons, qui sont leurs descendants, connaissent ces légumes depuis au moins 1500 ans et plus. Cependant, le maïs qu'ils cultivaient ressemblait beaucoup au nôtre. Ils avaient réussi à le bonifier, comme les Aztèques, en développant une culture par buttes autour d'arbres incendiés, ce qui enrichissait et équilibrait la terre déjà forte en humus. Avec la disparition progressive du gros gibier dans la région des Grands Lacs, le maïs devint l'aliment de base du coin, et la sagamité, le plat de tous les jours. Même les Montagnais du Saguenay faisaient la sagamité pendant leurs expéditions d'hiver. Ils échangeaient leurs fourrures avec les Hurons contre du maïs séché et du tabac.

La Sagamité

Pour 4 personnes

25 g (env. 1 oz) de lard salé en dés
1 perdrix
75 g (2½ oz) d'oignon en dés
1 carotte moyenne
1 bout de poireau de 5 cm (2 po)
½ branche de céleri avec les feuilles
1 feuille de laurier
1,5 litre (6 tasses) d'eau
1 épi de maïs frais
75 ml (5 c. à soupe) de farine de maïs
(et non de la semoule)
75 ml (5 c. à soupe) d'eau froide
sel et poivre au goût

Faire fondre le lard salé dans un faitout moyen. Y ajouter la perdrix coupée en morceaux et la faire sauter de tous les côtés avec l'oignon en dés. Ajouter la carotte, le poireau et le céleri coupés en gros morceaux, la feuille de laurier et l'eau. Amener à ébullition. Écumer s'il y a lieu. Réduire le feu et laisser mijoter de 1 h à 1 h 15. Passer le bouillon et réserver la perdrix.

Dans le même bouillon, cuire l'épi de maïs entier pendant 5 minutes. Le retirer, le passer à l'eau froide, l'égoutter et l'égrener avec un couteau. Réserver.

Délayer la farine de maïs avec l'eau froide dans un petit plat. Y ajouter quelques cuillères de bouillon de perdrix chaud pour réchauffer le mélange, puis verser le tout dans 750 ml (3 tasses) de bouillon déjà chaud. Brasser sans arrêt jusqu'à ébullition. Réduire le feu, saler, poivrer et laisser mijoter 10 minutes environ jusqu'à la consistance d'un velouté.

Au moment du service, répartir le maïs et la perdrix dans chaque assiette creuse et recouvrir de sagamité. Décorer le potage avec des feuilles de pourpier ou des feuilles de cresson.

Note: On pourra conserver le reste de la perdrix et de son bouillon pour un autre potage avec des pommes de terre en dés et de la sarriette.

LES POTAGES

NASHUP*

La recette suivante me vient de Mme Carmen Gill-Casavant, Montagnaise de Mashteuiatsh, qui a longtemps été conservatrice du musée amérindien local. C'est une femme exceptionnelle qui a fait beaucoup pour une meilleure compréhension entre la culture montagnaise et la culture française du Québec et de la France.

Les potages de viande ou de poisson ont longtemps constitué l'ordinaire de la cuisine de tradition algonquine, au nord du fleuve Saint-Laurent et des Grands Lacs. On mettait le poisson et le petit gibier sur le feu et on les laissait mijoter une partie de la journée. En fin de cuisson, on ajoutait du sel et de la graisse. Lorsque Jacques Cartier est passé à Tadoussac en 1535, les Montagnais faisaient cuire leur potage dans des plats d'écorce de bouleau étanche. Ils mettaient la viande ou le poisson avec l'eau, puis ils ajoutaient des pierres réchauffées par la braise. Tout au long de la cuisson du potage, ils remplaçaient les pierres jusqu'à ce que le tout soit prêt. Ils

* Potage, en langue montagnaise.

assaisonnaient avec de l'huile de phoque, animal que l'on appelle encore «loup-marin» au Saguenay. Le saumon, quant à lui, était souvent assaisonné de livèche écossaise que l'on trouve sur les rives de Tadoussac. On le faisait cuire jusqu'à ce que les arêtes se détachent facilement.

Les Français du XVIIe siècle, qui adoraient l'oignon au point d'en manger cru à chaque collation, leur firent connaître ce condiment qu'ils adoptèrent dès cette époque, de même que le lard salé qui finit par remplacer le pimi (huile de phoque). On mangeait la soupe avec la banique que l'on fait cuire encore à la poêle ou dans le sable brûlant. Les villages proches des services d'approvisionnement adoptèrent la pomme de terre presque aussi rapidement que les Québécois au milieu du XVIIIe siècle. On en ajoutait dans la soupe.

Potage au poisson blanc

Pour 4 personnes

COURT-BOUILLON
1 oignon moyen, coupé en 4 morceaux
1 petite carotte
½ branche de céleri
1 feuille de laurier
1 branche de persil
1 pincée de thym
1 pincée de romarin
1 litre (4 tasses) d'eau
tête, nageoires
et queue du poisson choisi

250 g (env. ½ lb) de filet de corégone,
de doré ou de baudroie
30 g (2 c. à soupe) de beurre
75 g (2½ oz) de carotte en bâtonnets
de 2 x 0,5 cm (1 x ¼ po)
75 g (2½ oz) d'oignon jaune
en bâtonnets de 2 x 0,5 cm (1 x ¼ po)
75 g (2½ oz) de céleri en bâtonnets
de 2 x 0,5 cm (1 x ¼ po)
150 g (5 oz) de pommes de terre
en bâtonnets de 2 x 0,5 cm (1 x ¼ po)
1 ml (¼ c. à thé) de thym
1 pincée de romarin
125 ml (½ tasse) de crème à 35 %
sel et poivre du moulin, au goût
15 ml (1 c. à soupe) de persil haché

Préparer le court-bouillon en laissant frissonner ses éléments pendant 30 minutes. Passer.

Pocher le poisson dans le court-bouillon, de 3 à 5 minutes, selon son épaisseur. Enlever la peau et la partie brune située directement sous la peau. Enlever les arêtes et garder au chaud dans un papier d'aluminium. Passer le court-bouillon de nouveau.

Dans une casserole moyenne, faire fondre le beurre et y faire suer les carottes, les oignons et le céleri pendant 6 minutes en couvrant.

Ajouter les pommes de terre et les herbes, bien enrober le tout. Recouvrir avec le court-bouillon. Cuire à feu doux 10 minutes.

Au moment de servir, ajouter la crème, vérifier le sel, poivrer au goût et réchauffer 1 minute. Répartir le poisson dans 4 assiettes creuses, partager la soupe et saupoudrer de persil haché.

LES PLATS BOUILLIS

PAKATAKANU*

La cuisson à l'eau est de loin la cuisson préférée des Amérindiens pour leur quotidien et ce, depuis des siècles. On rôtissait la viande sur un feu lors des retours de chasse et lors des fêtes, et on la mangeait légèrement saignante, à la différence des Français du XVIIe siècle qui l'aimaient bien cuite. La vie sous la tente une bonne partie de l'année et l'arrivée au XIXe siècle du petit poêle de tôle limitèrent l'usage du rôtissage sur feu de bois. Le bouilli devint donc l'aliment principal du chasseur et du trappeur. Il variait selon les régions et l'environnement, selon l'imagination du cuisinier et selon les provisions que l'on avait apportées dans le havresac après les avoir achetées à la Compagnie de la baie d'Hudson.

Si, au début, on traînait la farine de maïs, celle-ci fut assez rapidement remplacée, au XVIIIe siècle, par la farine de blé échangée avec les Français. On apprit à travailler avec cette farine qui ne réagit pas du tout de la même façon que la farine de maïs dans le liquide. On commença à recouvrir le bouilli de pâtes et de biscuits à la vapeur. Mais on continua à transporter le

* Plats bouillis, en langue montagnaise.

maïs séché que l'on faisait gonfler dans la lessive (eau bouillie avec de la cendre); on le lavait ensuite avant de le cuire avec le gibier. On y ajoutait les haricots que l'on avait emportés. Dès le XVIIe siècle, on adopta les pois jaunes et le lard salé des Français ou des Anglais. Ces derniers aliments complétèrent le plat de gibier. Il arrivait souvent qu'on mélange dans la marmite du gros gibier (orignal ou caribou) avec du petit gibier comme le canard, le lièvre et la perdrix. On associait aussi facilement l'orignal et le castor que l'on accompagnait parfois de navets et de carottes. On coupait des pommes de terre en dés que l'on ajoutait au lièvre, au rat musqué et à la perdrix. Les Cris du nord de l'Ontario ajoutaient le riz noir récolté dans les grands marais au bord des lacs. De façon générale, on commençait par manger la viande, puis on buvait le bouillon à la fin.

La recette que je vous donne est une création qui utilise le garde-manger occasionnel des Montagnais, pêcheurs dans le golfe du Saint-Laurent. L'idée du gruau d'avoine vient de M. Métawishich du Grand lac Mistassini, l'hôte de M. Rousseau, anthropologue de l'Université Laval, qui mentionne cette recette dans un article sur la gastronomie amérindienne.

Soupe au poisson et au gibier

Pour 4 personnes

BOUILLON
1 perdrix
1 carotte
1 oignon
1 branche de céleri
1 bout de poireau
sel
1 feuille de laurier

12 pétoncles moyens ou 1 homard
ou 4 pinces de crabe
200 g (7 oz) de filet de saumon
de l'Atlantique
20 g (4 c. à thé) de beurre
60 ml (4 c. à soupe) de gruau
d'avoine instantané
1 ml (1/4 c. à thé) de muscade moulue
1 ml (1/4 c. à thé) de gingembre en poudre
sel et poivre au goût
100 g (env. 3 oz) de poireau en rondelles

Enlever les ailes et les cuisses de la perdrix, désosser la poitrine et réserver les 2 suprêmes et leurs filets. Mettre le reste dans un faitout moyen avec les légumes. Ajouter de l'eau froide. Amener à ébullition. Écumer. Saler légèrement. Ajouter le laurier. Réduire le feu et laisser mijoter doucement pendant 1 h 30. Passer le bouillon. Désosser les morceaux de perdrix sans trop les briser et les réserver.

Cuire homard ou crabe à la vapeur. Défaire la chair et réserver. Couper le saumon en 8. Sauter les suprêmes et les filets de perdrix dans le beurre. Réserver. Amener 1 litre (4 tasses) de bouillon de perdrix à ébullition. Y jeter le gruau et laisser mijoter 5 minutes, à feu doux. Ajouter les épices, sel et poivre.

Au moment de servir, faire pocher dans la soupe les pétoncles, si c'est votre choix, puis le saumon. Partager dans chaque assiette creuse saumon, homard, crabe ou pétoncles, couper la perdrix en aiguillettes et la répartir également ainsi que les morceaux de cuisse. Ajouter les rondelles de poireau au potage, les laisser verdir quelques secondes, puis napper la perdrix et les fruits de mer du potage. Décorer avec des bouts de plantain marin, si on est au bord de la mer, ou avec des morceaux de poireau cru. Manger à la cuillère comme un potage.

LE FESTIN

MAKUSHAN*

L'histoire du makushan suit un drôle d'itinéraire. Encore une fois, la recette me vient de plusieurs sources, d'abord de familles québécoises de La Baie et de Saint-Fulgence (rive Sud et rive Nord du Saguenay) établies là depuis 1838, puis d'Amérindiens du Nord-Est.

Les sources québécoises racontent qu'au début de leur installation, les notables de la place se faisaient guider par des pêcheurs montagnais du coin qui connaissaient les bons endroits pour les plus belles prises. La pêche à la truite était particulièrement bonne au coucher et au lever du soleil, en mai et en juin. Alors, le groupe prenait suffisamment de truites tôt le matin pour faire le makushan que l'on allait manger à midi. C'est le guide amérindien qui faisait le repas à sa façon. Dans une large marmite de fonte noire, il étalait en alternance des tranches de lard salé, des rangées de rondelles d'oignons, des lamelles de pommes de terre, des truites évidées et ainsi de suite jusqu'à épuisement des provisions. Chaque rangée était salée et poivrée. Il recouvrait le tout de lard salé uniquement à la fin et ne rajoutait aucun liquide. Puis il mettait un papier brun avant de déposer le couvercle pour rendre étanche la fermeture. Dans le feu qui avait brûlé toute la nuit et qui avait réchauffé le sable sur lequel il était fait, le cuisinier faisait un trou pour mettre le «chaudron noir» qu'il recouvrait de sable brûlant et de braises sur lesquelles il rebâtissait un bon feu. Le plat cuisait avec cette attisée un bon 5-6 heures encore. À midi, le feu étant pratiquement éteint, il enlevait les cendres et le sable, puis nettoyait le plat avec une branche de cèdre vert. Le papier

* La fête, le festin en langue montagnaise, mais aussi nom de la danse traditionnelle montagnaise.

brun ayant partiellement brûlé tout autour, il l'enlevait délicatement et le dîner était prêt pour les pêcheurs qui revenaient, affamés. Ce mets s'est donc transmis de génération en génération dans plusieurs familles saguenéennes qui mangent encore le makushan à la truite ou au saumon, au printemps, ou à l'orignal, à l'automne.

Mais pour la majorité des Amérindiens du Nord-Est, le mot «makushan» veut dire fête, festin. C'est un très vieux mot algonquin qui traduit un rituel relié au retour de la chasse. Au XVIIe siècle, nous rapportent les Jésuites, les chasseurs de gros gibier pouvaient inviter leurs amis à un festin plantureux en leur disant: «Agumakushan», «C'est un festin à tout manger!» Et les invités qui acceptaient l'invitation devaient manger tout ce que leur servait leur hôte, même si cela prenait 24 heures pour tout avaler. Certains n'en pouvaient plus et devaient se reposer et dormir chez leur hôte avant de continuer le repas. On n'aurait jamais osé quitter un «agumakushan» sans avoir tout mangé. C'était une insulte grave envers son hôte.

Pour l'Amérindien d'aujourd'hui, le makushan demeure la fête où l'on fait quantité de gibier, où l'on danse et où l'on rencontre des gens d'autres villages.

Pour les gens du Bas-Saguenay, le makushan est un plat spécifique de pommes de terre et de poisson saumoné ou d'orignal.

Makushan à la truite

Pour 4 à 6 personnes

75 g (2½ oz) de tranches fines de lard salé
360 g (12 oz) de vert de poireau
850 g (env. 2 lb) de pommes de terre en très fines tranches, blanchies et ramollies
150 g (3 oz) de très fines rondelles d'oignons jaunes
600 g (env. 1¼ lb) de filets de truite tranchés à 0,5 cm (¼ po) d'épaisseur, parallèlement à la peau
sel et poivre à chaque rangée

Faire fondre le lard salé à feu moyen-doux. Réserver les lardons. Avec un pinceau, humecter les parois d'un moule à pain rectangulaire de 22 x 12 cm (9 x 4¾ po) et de 7 cm (3 po) de hauteur avec du gras de lard salé. Il est aussi possible de faire cette recette dans des moules individuels. Coller des bandes de poireau sur le fond et les parois du moule en mettant le fil du poireau dans le sens où se feront les tranches du makushan. Remettre un peu de gras sur le poireau avec le pinceau.

Garnir le moule en mettant 3 fois en alternance les ingrédients suivants: pommes de terre, sel, poivre, oignons (qu'on aura fait tomber dans 15 ml [1 c. à soupe] de gras de lard salé), truite, sel, poivre, et ainsi de suite encore 2 fois. Il est obligatoire de presser chaque couche avec la paume de la main pour bien tasser le tout. Terminer avec le poireau et les lardons sur le dessus.

Recouvrir d'un papier ciré, puis fermer avec du papier d'aluminium bien serré tout autour du sommet du moule. Mettre au four avec un poids sur le moule (un plat lourd rempli d'eau chaude, par exemple). Cuire 1 h, à feu moyen. Laisser reposer 10 minutes, puis démouler dans une assiette ovale.

LE PÂTÉ DE VIANDE D'ORIGNAL

MUSH UIASH TAPATEU*

Ce mets est commun encore aujourd'hui à toutes les nations de chasseurs du nord du Québec et de l'Ontario. Il s'agit de gibier cuit en petits cubes avec des lardons et des oignons, auquel on ajoute un peu d'eau pour faire la sauce qu'on épaissit généralement en fin de cuisson. Les Cris le font avec du caribou et l'appellent un Pasténomitchou, alors que les Montagnais de Mashteuiatsh l'appellent un Pabo et le font plus souvent avec du lièvre, de la perdrix et de l'orignal. Si on ajoute une pâte-biscuit sur la viande, cela s'appelle du Pabaï chez les Montagnais du Saguenay, un Mush uiash tapateu chez ceux de la Côte-Nord et un Chipaye-djano chez les Naskapis de l'Ungava. Certains mettent plus d'eau pour en faire un ragoût qu'ils épaississent avec de la farine jetée en pluie, ce qui a pour effet de créer des grumeaux, bien appréciés des aînés.

* Paté de viande à l'orignal, en langue montagnaise.

Le mot «pabo» désignait, au début du XXe siècle, un rassemblement et il a donné son nom au mets qu'on devait préparer à cette occasion. Le fait d'ajouter une pâte sur le dessus changeait l'ordinaire et on le faisait lors d'occasions spéciales comme les mariages, la rencontre du missionnaire ou les fêtes religieuses. Autrefois, on pouvait ajouter à ce plat du porc-épic, du rat musqué ou du castor.

Ce type de cuisson lente avec un peu d'eau remonte à très longtemps, puisque déjà au XVIIe siècle on faisait ces ragoûts qu'on épaississait avec de la farine de maïs et qu'on agrémentait de pois et de pruneaux échangés avec les Français. À l'époque, on n'hésitait pas à mélanger le gibier et le poisson, comme on le fait encore aujourd'hui dans certaines familles. On associe facilement l'orignal et la truite, comme le mentionne M. Bernard Assiniwi, écrivain abénakis, dans son livre de recettes amérindiennes[1].

La recette que je vous donne à la page suivante me vient de Maliotenam, sur la Côte-Nord.

Pâté à l'orignal

Pour 4 personnes

30 g (1 oz) de graisse de lard salé
500 g (env. 1 lb) d'orignal, de caribou ou de cerf, coupé en dés de 2 cm (3/4 po)
150 g (5 oz) d'oignons en dés de 1 cm (1/4 po)
2 ml (1/2 c. à thé) de sel
2 ml (1/2 c. à thé) de poivre noir
1 pincée de muscade
1 ml (1/4 c. à thé) de coriandre moulue
5 ml (1 c. à thé) de farine
350 ml (env. 1 1/2 tasse) d'eau ou de fond blond
votre recette de pâte brisée préférée
1 jaune d'œuf

Faire fondre le lard salé dans une casserole épaisse qui va au four. Y faire saisir la viande à feu vif. Ajouter l'oignon que vous laissez attendrir, puis le sel, le poivre et les épices. Saupoudrer de farine, enrober le tout et ajouter l'eau ou le fond. Amener à ébullition et cuire 1 h, à four moyen.

Laisser refroidir. (Cette opération peut être faite la veille du repas.) Tapisser le fond de quatre moules individuels avec de la pâte brisée. Répartir la viande dans chaque moule, puis recouvrir d'une autre abaisse pas trop épaisse. Dorer à l'œuf. Décorer avec un motif fait dans les chutes de pâte. Dorer ces éléments de décoration. Cuire 10 minutes à four chaud, à 230 °C (450 °F), et finir la cuisson à four modéré, à 190 °C (375 °F), environ 15 minutes. Laisser reposer 10 minutes à chaleur douce, à 150 °C (300 °F).

Servir avec un assortiment de légumes adoptés par les Amérindiens depuis longtemps: carottes, navets, rutabagas et choux.

LES CONFITURES

MINAPUI*

Les régions nordiques offrent une variété plus considérable de petits fruits qu'on ne l'imagine généralement. Les Amérindiens les connaissent et les consomment depuis toujours. En plus des fraises des champs, des framboises et des bleuets (myrtilles), ils servent, au Nord, les camarines noires, les plaquebières (chicoutés**), les atocas, les raisins d'ours, un peu plus au Sud, les amélanches, les merises, les cerises, le pimbina, les quatre-temps, la salsepareille et j'en oublie...

Autrefois, au temps de l'abondance, on faisait sécher les petits fruits pour pouvoir les conserver pendant l'hiver. Parfois, on en mettait dans la banique avec un peu de sucre pour faire des galettes. Plus souvent, on les aimait mélangés seulement à de la graisse de caribou, à de la graisse d'ours ou à de l'huile de phoque.

Puis, avec l'arrivée du sucre, on s'est mis à faire des confitures chaudes avec de la graisse, que l'on accompagnait, les jours de festin, de galettes frites légèrement fendillées, les utatshishikan. Ces confitures pourraient ressembler aux confits de fruits qu'on enrichit souvent de beurre. De plus, ce dessert pouvait en soi constituer l'unique plat du repas.

Les Québécois d'autrefois mélangeaient aussi la graisse et le sucre. La tartine de graisse de panne et de sucre d'érable était très prisée dans le pays de mon enfance.

---

* Confiture, en langue montagnaise.
** Shikuteu, en langue montagnaise.

Confit de framboises et beignets frits

Pour 4 personnes

NUSHKAN MINAPUI*
500 ml (2 tasses) de framboises
60 ml (4 c. à soupe) de sucre granulé
1 pincée de cannelle
65 g (env. 4 c. à soupe) de beurre

UTATSHISHIKAN**
175 ml (3/4 tasse) de farine tout-usage
75 ml (1/3 tasse) de farine de maïs
1 pincée de sel
7 ml (1 1/2 c. à thé) de levure chimique (poudre à pâte)
80 ml (env. 1/3 tasse) de lait
30 ml (2 c. à soupe) d'huile d'arachide ou de tournesol

NUSHKAN MINAPUI
Écraser grossièrement les framboises. Les mettre sur le feu avec le sucre, la cannelle et le beurre. Cuire à feu doux jusqu'à ce que le beurre fonde, puis laisser bouillir 2 minutes, à feu moyen. Passer au tamis (facultatif) et servir chaud avec la banique frite.

UTATSHISHIKAN
Mélanger les ingrédients secs ensemble, creuser un puits au milieu et y incorporer le lait et l'huile. Amalgamer le tout et façonner 4 galettes avec les mains. Entailler 3 fois le milieu de chaque galette.

Au moment de servir, les cuire dans de l'huile d'arachide modérément chaude. Les déposer sur des serviettes en papier pour les égoutter un peu et les servir aussitôt avec les nushkan minapui.

---

* Confit de framboise, en langue montagnaise.

** Galettes frites.

LE FLAN DE CITROUILLE

Ce dessert me vient de la tradition iroquoise de la région de Montréal. Il associe la citrouille au sirop d'érable. Encore aujourd'hui, certaines ménagères de Kanawagué coupent la citrouille en cubes, puis l'arrosent de beurre et de sirop d'érable avant de la faire cuire au four. Il y a longtemps que l'on mange la citrouille chez les Iroquois. Comme les haricots et le maïs, elle vient de l'Amérique centrale et se cultive depuis au moins 5000 ans en Amérique du Nord. Elle est donc arrivée par la route commerciale des Grands Lacs où vivaient leurs ancêtres. C'était l'aliment le plus doux qu'ils pouvaient offrir à leurs invités. On cuisait la citrouille dans la cendre comme le racontent les pères Chaumonot et Dablon dans leur voyage chez les Iroquois Supérieurs[2], à Onontagué (Toronto) en 1655.

> Les Anciens au pays nous attendaient. Ayant pris place auprès d'eux, ils nous présentèrent les meilleurs mets qu'ils eussent, surtout des citrouilles, cuites sous la braise[3].

En 1663, le père Jérome Lalemant raconte une remontée du fleuve Saint-Laurent jusqu'à Hochelaga (Montréal) où il parle, entre autres, de citrouille et de melon.

> Le climat est à la même hauteur que celui de Bordeaux, mais fort agréable, le terroir est très bon; le jardinier ne fait que jeter la graine de melons sur un peu de terre remuée parmi les pierres, et ils ne laissent pas d'y venir sans aucun soin de la part des hommes. Les citrouilles y viennent encore avec plus de facilité, mais très différentes des nôtres, car quelques-unes ont quasi le goût de pomme et de poire quand elles sont cuites[4].

Ce qui laisse entendre que le goût des citrouilles américaines est particulièrement sucré.

Évidemment, les Amérindiens ne connaissaient pas le sucre de canne, épice utilisée parcimonieusement encore au XVIIe siècle et que l'on réservait au Canada pour les malades. Cependant, les Algonquins de Québec appréciaient les sèves de l'érable et du bouleau qu'ils raclaient au printemps lorsque les vivres manquaient. C'est un Français, le Dr Michel Sarrazin, arrivé au Canada en 1685, qui aurait été l'un des premiers à réussir la fabrication du sucre d'érable. Rapidement, le sirop et le sucre d'érable devinrent alors le sucre du pays et remplacèrent, sur certaines tables, la mélasse qui arrivait des Antilles depuis au moins 1660. Les Iroquois l'utilisèrent donc sous ces nouvelles formes. Ils associèrent aussi maïs et sirop d'érable, deux éléments qui se marient très bien, pour en faire des «poudings» à l'exemple des Anglais, leurs traditionnels alliés. Aujourd'hui, ils n'hésitent pas à en mettre dans leurs haricots comme les Québécois le font dans leurs fèves au lard. Ces derniers ont d'ailleurs pris d'eux la technique de la cuisson des fèves au lard dans le sable chaud, plat qui a fait les délices de mon enfance lorsque ma famille allait faire la cueillette des bleuets dans les «brûlés[5]» du nord du lac Saint-Jean.

Flan de citrouille à l'érable et biscuit iroquois[6]

Pour 4 personnes

FLAN DE CITROUILLE

1 gros œuf battu
175 ml (¾ tasse) de purée de citrouille
100 ml (3½ oz) de crème à 10 %
75 ml (⅓ tasse) de sirop d'érable
75 ml (⅓ tasse) de cassonade tassée
1 ml (¼ c. à thé) d'essence d'érable

BISCUIT

115 g (env. ¼ lb) de beurre à la température de la pièce
125 ml (½ tasse) de sucre granulé
1 œuf moyen
1 ml (¼ c. à thé) de vanille
125 ml (½ tasse) de farine
30 ml (2 c. à soupe) de graines de tournesol rôties
30 ml (2 c. à soupe) de graines de citrouille rôties
75 ml (⅓ tasse) de noix de pacane hachées grossièrement

FLAN DE CITROUILLE

Battre l'œuf avec un fouet. Incorporer la purée de citrouille. Ajouter la crème. Bien mélanger. Mettre le sirop d'érable, la cassonade et l'essence d'érable. Répartir dans 4 ramequins de 100 à 125 ml (3 à 4 oz), tapissés de papier-film. Cuire à four moyen, à 190 °C (375 °F), dans une casserole d'eau chaude, pendant 1 h. Refroidir. Mettre au réfrigérateur au moins 12 h avant de démouler.

BISCUIT

Mettre en crème beurre et sucre. Ajouter l'œuf, la vanille et bien battre. Ajouter et mélanger la farine. Étendre le tout dans des moules à tartelettes. Mélanger graines et noix, puis les saupoudrer sur le mélange. Enfoncer délicatement les noix avec la paume de la main. Cuire à four moyen, à 190 °C (375 °F), pendant 40 minutes environ. Servir le biscuit tiède avec le flan de citrouille. Garder le reste du biscuit pour la collation des enfants et des grands.

Note: On pourra présenter le flan avec un sirop d'érable légèrement caramélisé avec un peu de beurre.

La cuisinière, Natashquan

André Michel

Huile sur toile, 1980

61 x 76 cm

V

LE QUILICUM

Un restaurant amérindien

Les Amérindiens eux-mêmes portent un nouveau regard sur leur cuisine traditionnelle au point d'en faire non seulement une cuisine fine, mais aussi commerciale.

À Vancouver, en Colombie-Britannique, la rue Davie a vu naître un premier restaurant en 1973. Il s'appelait alors le Muck-a-Muck et occupait les mêmes locaux que le Quilicum aujourd'hui.

La propriétaire actuelle, Mme Bonnie Thorne, aime raconter qu'elle a débuté dans le premier établissement en lavant la vaisselle pour, finalement, en assurer la supervision. «À cette époque, j'ai tout appris du monde des affaires, dit-elle, même si j'étais trop jeune pour prendre la responsabilité complète de la gérance du commerce.»

Mme Thorne a quitté le Muck-a-Muck en 1978 pour diriger le restaurant du Vancouver Indian Center jusqu'au moment où elle a décidé qu'elle possédait assez de connaissances en gestion pour retourner d'où elle venait. Elle savait alors que la restauration serait le domaine dans lequel elle évoluerait et que ses origines amérindiennes la guideraient dans la préparation des plats qu'elle servirait. En 1985, son nouveau restaurant ouvrait sous le nom de Quilicum. Ce mot du

jargon Chinook était utilisé pour négocier avec les Amérindiens, il signifie «le retour du peuple».

Élevée à Port-Renfrew parmi la Nation Nuu-Chan-Nulth, Mme Thorne propose une variété de produits provenant des différentes régions de la côte Ouest du Canada, comme on peut le constater en lisant son menu. «Nous allons des "herring roe" de Queen Charlotte aux "oolachans fumés" venant de la rivière Nass. Nous ne voulons pas seulement dire que le restaurant est Nootka ou Tsimsian parce que ce sont des mets, des spécialités venant de toute une grande région», précise-t-elle.

Pendant longtemps, le poisson fut la principale source d'alimentation des Amérindiens du Nord-Ouest canadien. Ils étaient de fins pêcheurs qui connaissaient autant de façons de pêcher le poisson qu'il y en avait d'espèces: filets, lances, arcs et flèches, barrages, hameçons, harpons et même une sorte de râteau pour attraper les petits poissons tels que l'oolachan.

Après le saumon, l'oolachan était, pour les Amérindiens, le plus important des poissons. Des milliers de ces petits poissons remontaient des rivières comme la Nass et la Bella Coola pour frayer à la fin d'avril et au début de mai. Les Amérindiens les attrapaient dans des filets spéciaux placés dans les courants peu profonds à l'embouchure des rivières. Mme Thorne se souvient: «Nous pouvions nous procurer des éperlans de notre côté de l'île de Vancouver. Ils venaient dans les vagues. Quand nous étions enfants, on pouvait courir avec nos épuisettes et les ramener sur la plage. Nous retournions et recommencions avec beaucoup d'excitation.

«La partie la plus importante de l'oolachan était son huile ou sa graisse. On laissait pourrir les poissons pendant deux ou trois semaines dans une fosse creusée dans la terre. Cela facilitait l'extraction de l'huile et était censé en améliorer la saveur. On faisait ensuite bouillir les poissons que l'on pressait pour en extraire l'huile. La graisse des oolachans de la Nass était la meilleure de toutes, même les Bellas Coolas reconnaissaient qu'elle était meilleure que la leur.»

La graisse d'oolachan a longtemps servi d'article de négoce important. Les Bellas Coolas, ainsi que d'autres peuples de la côte, l'échangeaient avec les

Amérindiens de l'intérieur contre des peaux d'orignal et de caribou. Les voies qu'ils empruntaient portent encore le nom de «pistes de la graisse».

Le saumon a toujours été, malgré tout, un poisson de première importance. On l'attrapait par milliers au printemps et en été. «On pensait que les saumons habitaient dans cinq villages sous la mer et qu'ils ressemblaient à des êtres humains. Chaque printemps, les gens-saumons revêtaient des costumes de poisson et remontaient la rivière à la nage pour nourrir les Indiens.»

Le flétan était aussi une nourriture de base recherchée par les Amérindiens du Nord-Ouest. Il y en avait d'abondantes réserves près de l'archipel de la Reine-Charlotte.

Mais la mer ne donnait pas que du poisson. On pouvait aussi ramasser des palourdes, des moules et d'autres coquillages dans la boue, à marée basse; ces aliments occupaient une place presque aussi importante que le poisson. Dans l'alimentation, les Amérindiens chassaient les phoques qui remontaient les fjords à la nage. Leur chair était considérée comme un aliment de choix. Servir du phoque à un «potlach*» passait

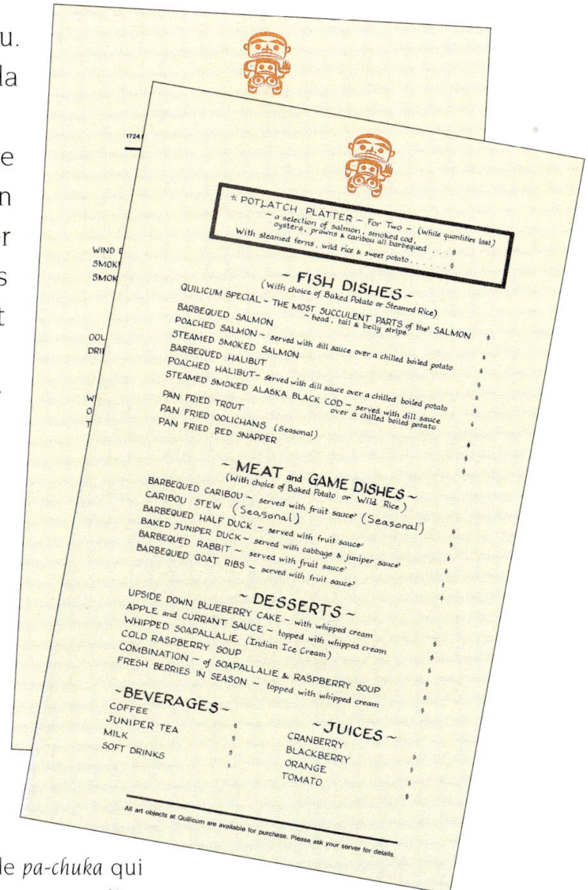

MENU DU QUILICUM

---

* Le mot potlach vient soit du mot Nootka *pa-chitla* qui signifie «donner» ou de *pa-chuka* qui veut dire «cadeau». Il désignait chez les Amérindiens de la côte Nord-Ouest une fête grandiose, accompagnée en général d'un festin, au cours de laquelle l'hôte — le chef du clan ou de la famille — couvrait de cadeaux ses invités qui, par le fait même, se faisaient témoins et juges de sa générosité. L'ordre social de ces tribus, avec ses droits et privilèges, est ainsi menacé et consacré lors de célébrations telles que la naissance, la puberté, le mariage, la mort ou encore l'achèvement d'une nouvelle maison ou d'un totem. Le potlach rappelait aux autres tribus le respect des territoires de pêche ou de chasse ou la célébration d'une victoire. Chez certaines tribus, les potlachs remplacèrent la guerre. Ils pouvaient servir à conduire les tribus ennemies à la banqueroute et à gagner du prestige. Les potlachs devinrent si fréquents que les missionnaires et les agents du ministère des Affaires indiennes du gouvernement du Canada essayèrent de les arrêter. La Loi des Indiens du Canada de 1884 les rendit illégaux ainsi que certaines danses d'hiver. Cet article de loi fut abrogé en 1951.

pour un grand luxe. Certains Amérindiens faisaient plusieurs kilomètres en mer pour chasser d'autres mammifères marins, y compris les baleines. On ramassait et on mangeait également des algues.

Mme Thorne propose une cuisine amérindienne sur des bases purement traditionnelles. Elle fait le trait d'union entre les coutumes culinaires passées et la nouvelle cuisine amérindienne. Elle nous fait part de son étonnement devant son premier chef cuisinier, Georges Ross, un Tsimsian, en train de préparer les plats. «Il semblait que c'était toujours de la même manière avec des petites différences dans la façon de servir le riz. Certaines personnes, explique-t-elle, vont peut-être mettre des algues et du riz avec de la graisse d'oolachan et d'autres, en revanche, accompagnent cette graisse de pommes de terre bouillies.»

Au Quilicum, les oolachans fumés sont servis avec le bannock (pain indien), «une de mes entrées préférées», dit Mme Thorne.

«Nous avons aussi une importante demande pour tout ce qui est cuisine grillée simplement sur feu de bois, sur barbecue par exemple, qui donne un arôme naturellement fumé. Le caribou a énormément de succès.»

Certains clients du Quilicum sont des touristes, mais il y a aussi des gens d'affaires et des Amérindiens de Vancouver. «Ces derniers représentent environ 20 % de notre clientèle», précise-t-elle. Même si le Quilicum n'est pas «un restaurant moderne» style nord-américain où l'on peut emporter son repas, il arrive que des clients partent avec des plats particuliers.

Ce sont en fait des bols pour le festin. Ils sont faits d'«alder» et sont travaillés par le mari de Mme Thorne, le peintre-sculpteur Art Bolton. «Les bols et les plateaux ont été tellement en demande, raconte l'artiste, que ma femme est après moi pour que je cesse de les vendre, car nous n'en aurons plus assez pour servir les clients du restaurant!»

Mais avec ou sans ces magnifiques plats de festin, le Quilicum semble voué au succès en raison de la qualité et de l'originalité de sa table, mais surtout parce que la propriétaire est fière de présenter la facette gastronomique de sa culture aux gens qui ne sont pas natifs de sa communauté.

Quilicum veut donc dire «le retour du peuple» et, dans le cas de ce restaurant, il semble aussi vouloir dire le retour d'une clientèle qui vient et revient sans cesse.

André Michel

DEVANT LE FEU, LA ROMAINE

André Michel

Huile sur toile, 1980

51 x 61 cm

VI

VERS DEMAIN

Une cuisine amérindienne qui dépasse ses frontières

Huit médailles d'or, trois d'argent et trois de bronze: pour un coup d'essai, ce fut un coup de maître. En 1992, pour la première fois aux Olympiades culinaires de Francfort, une équipe de cuisiniers autochtones canadiens était inscrite. Cette année-là, l'équipe nationale du Canada a remporté les honneurs de la première place, et les autochtones... de l'or!

Ils visaient l'or, beaucoup plus que les médailles. Car le but de cette équipe, en participant, était de développer un concept de Haute Cuisine Autochtone canadienne* et de se faire reconnaître sur cette plate-forme internationale. Plus qu'un succès éphémère, ils espéraient à long terme les répercussions de cette reconnaissance. La présentation de la cuisine autochtone voulait faire connaître non seulement ceux qui la font et les produits qu'ils utilisent, mais aussi une culture.

Les membres de l'équipe avaient été choisis parmi les nations aborigènes du Canada, de l'est à l'ouest: David Wolfman, de la nation Stolo (Colombie-Britannique); Andrew George, de la nation Wet'suwet'en

* Haute Cuisine Autochtone canadienne: marque déposée.

(Colombie-Britannique); Arnold Olson, de la nation Crie Kinoosao (Saskatchewan); Bertha Skye, des Six Nations de Grand River (Ontario); et Brian Sapier, de la nation Malécite (Nouveau-Brunswick).

La compétition avait été basée sur l'authenticité de la provenance des ingrédients: caribou, bison, bœuf musqué, castor, omble de l'arctique, saumon, petites baies sauvages, riz sauvage, courge et maïs faisaient partie du «panier de provisions», puisque, par définition, le gibier, de terre et d'eau, et les produits de cueillette sont à la base de la cuisine traditionnelle des peuples des Premières Nations. En revanche, les préparations culinaires ont suivi les bases classiques contemporaines.

La mise sur pied de l'équipe de Francfort et le développement du concept de Haute Cuisine Autochtone canadienne relèvent d'un projet conjoint d'un autochtone et d'une non-autochtone.

En 1991, Albert Diamond, président des Aliments Oudeheemin, et Danielle Médina, présidente des Aliments Médina, se sont associés pour promouvoir la cuisine et la culture autochtones et pour créer des débouchés, à long terme, dans les industries de l'alimentation, de la restauration, de l'hôtellerie et du tourisme, pour les autochtones de toutes les provinces du Canada.

Aux Olympiades culinaires de Francfort, Andrew George était l'un des cinq membres de l'équipe autochtone. Il occupe un poste d'instructeur dans le programme de formation en Art culinaire autochtone qui a été mis sur pied au début de 1995, par les Aliments Oudeheemin, en collaboration avec l'Institut de tourisme et d'hôtellerie du Québec. Ce projet est l'une des «retombées» de Francfort.

Le programme est offert, principalement, aux cuisiniers et cuisinières autochtones travaillant dans les hôtels et les centres touristiques autochtones, à travers le Canada. Il a pour but de former une main-d'œuvre spécialisée et de donner aux autochtones les moyens d'exploiter eux-mêmes les sites touristiques où ils vivent, mais aussi de développer une cuisine spécifique, mettant en valeur des produits et des traditions, tout en se basant sur des techniques culinaires modernes... une façon de promouvoir la culture et la philosophie autochtones.

Cette culture et cette philosophie, la Haute Cuisine Autochtone canadienne les exprime également dans l'élaboration de menus. Depuis Francfort, Oudeheemin a été responsable de la préparation de plusieurs grands repas. S'il fallait n'en nommer qu'un, il suffirait de citer ce repas servi aux chefs d'États réunis à Halifax pour le sommet du G-7!

FRANÇOISE KAYLER

Pemmican de chevreuil avec bleuets

Saumon de l'Atlantique fumé et esturgeon fumé
avec son caviar

Oie sauvage fumée accompagnée d'une salade
de pissenlit et de champignons des bois

Omble chevalier poché accompagné d'une sauce à la
camomille, servi avec riz sauvage et crosses de fougère

Crêpe au miel de trèfle avec quenelle de rhubarbe
au parfum d'églantine

MENU DE HAUTE CUISINE AUTOCHTONE SERVI
AUX CHEFS D'ÉTATS PRÉSENTS AU SOMMET DU G-7 À HALIFAX,
NOUVELLE-ÉCOSSE, CANADA, LE 16 JUIN 1995.

Pemmican de canard aux bleuets

Aiguillettes d'oie fumée au soupçon de moutarde

Éventail de poissons fumés et marinés des rivières
du Grand Nord, sur pain banique,
aux œufs de corégone

Chaudrée de racines et blé d'Inde parfumé
au saumon coho, palourdes et queue de castor

Granité aux canneberges

Médaillons de chevreuil poêlés à la saveur de mûres
et de baies de genièvre, servis avec riz sauvage
et têtes de violon

Crêpe au miel de trèfle et sa quenelle de rhubarbe
à la senteur d'églantine

MENU DE HAUTE CUISINE AUTOCHTONE SERVI LE 8 DÉCEMBRE 1994
À L'HÔTEL MÉRIDIEN À NASSAU, DANS LE CADRE
DE LA PREMIÈRE CONFÉRENCE DES PAYS SIGNATAIRES
DE LA CONVENTION SUR LA DIVERSITÉ BIOLOGIQUE.

Omble chevalier et doré marinés aux graines de cumin,
pain banique aux œufs de corégone

Chaudrée de palourdes, saumon coho et queue
de castor au blé d'Inde fumé

Confit de cuisses de perdrix à l'orge perlé,
aux champignons et aux feuilles de pissenlit

Médaillons de bison et de cerf wapiti en poivrade,
au vin de mûres et aux baies de genièvre,
servis avec riz et racines sauvages

Crêpe au miel de trèfle et aux pétales d'églantine
et sa quenelle de rhubarbe glacée

MENU DE HAUTE CUISINE AUTOCHTONE SERVI LE 26 MAI 1994
AU BEAVER CLUB DE L'HÔTEL LE REINE ELIZABETH À MONTRÉAL,
À L'OCCASION DE LA VENUE DE M. PAUL BOCUSE.

Chaudrée de palourdes, saumon coho et queue de castor, blé d'Inde fumé

Pour 10 personnes

3 carottes
2 branches de céleri
3 navets
3 panais
4 pommes de terre
375 ml (1 ½ tasse) de graisse d'oie
300 g (10 oz) de maïs en grains, fumé à l'érable
400 g (14 oz) de saumon coho cru, coupé en dés
40 palourdes, cuites et sans coquille
ciboulette hachée

FOND BLANC DE QUEUE DE CASTOR
2 queues de castor
1 carotte
1 branche de céleri
1 oignon
herbes sauvages
10 litres (40 tasses) d'eau

Couper en dés les carottes, les branches de céleri, les navets, les panais et les pommes de terre, puis les faire suer dans la graisse d'oie.

Mouiller avec un fond blanc de queue de castor et cuire pendant 45 minutes environ.

En fin de cuisson, ajouter le maïs et, juste au moment de servir, ajouter le saumon cru, les palourdes et la ciboulette.

FOND BLANC DE QUEUE DE CASTOR
Cuire au four lentement, pendant 2 h, tous les éléments mis ensemble. Passer au chinois.

Soupe de racines sauvages à l'orge perlé et à l'oseille

Pour 10 personnes

250 ml (1 tasse) d'orge perlé
2 litres (8 tasses) d'eau
125 ml (½ tasse) d'oignons verts hachés (ciboule) (partie verte seulement)
30 ml (2 c. à soupe) de graisse d'oie
125 ml (½ tasse) d'ail des bois haché
125 ml (½ tasse) de carottes en dés
125 ml (½ tasse) de navets en dés
125 ml (½ tasse) de panais en dés
sel de mer
1 queue de castor débarrassée de sa peau
125 ml (½ tasse) d'oseille ciselée

Rincer l'orge et laisser tremper dans l'eau froide pendant 1 h environ.

Faire suer le vert des oignons dans la graisse d'oie. Ajouter l'ail des bois et tous les légumes coupés en dés. Laisser suer quelques minutes, en remuant constamment. Saler. Ajouter l'eau et la queue de castor entière. Porter à ébullition.

Cuire à feu doux pendant 45 minutes.

Ajouter l'orge et poursuivre la cuisson pendant 45 minutes.

Rectifier l'assaisonnement. Au moment de servir, ajouter l'oseille ciselée.

Garnir, au goût, avec cœurs de quenouille et mini-épis de maïs.

Salade de pissenlit aux copeaux de peau de saumon frits et aux œufs de caille

Pour 4 personnes

225 g (8 oz) de feuilles de pissenlit
115 g (4 oz) de peau de saumon cru
150 g (5 oz) de graisse d'oie
8 œufs de caille ou de perdrix
30 ml (1 oz) de vinaigre de cidre

Laver les pissenlits et les rincer à l'eau très froide.

Couper la peau du saumon en languettes de 1,5 x 2,5 cm (½ x 1 po). Les faire frire à la poêle dans 60 g (2 oz) de graisse d'oie fumante. Lorsqu'elles sont croustillantes, les retirer et les déposer sur un papier absorbant. Réserver.

Pocher les œufs de caille ou de perdrix en les cassant avec précaution dans l'eau frémissante. Cuire de façon que le jaune soit «mollet». Réserver.

Préparer une vinaigrette chaude en faisant fondre, à feu doux, le reste de la graisse d'oie. Ajouter le vinaigre de cidre à cette graisse chaude.

Verser une partie de la vinaigrette sur les feuilles de pissenlit et bien mélanger. Au dernier moment, ajouter la moitié des copeaux de peau de saumon et mélanger de nouveau.

Dresser sur une assiette en décorant avec le reste des copeaux et les œufs de caille ou de perdrix. Verser le reste de la vinaigrette tiède sur le tout et servir aussitôt.

Rosettes de saumon fumé Chinook, banique et œufs de corégone

Pour 1 personne

3 rosettes de saumon fumé
7 g (¼ oz) d'œufs de corégone
quelques feuilles de pissenlit
vinaigre
huile de tournesol
1 pain banique
30 g (1 oz) de crème sure

Banique
250 ml (1 tasse) de farine de maïs
5 ml (1 c. à thé) de sel
125 ml (½ tasse) d'eau très froide
graisse d'oie

Couper de fines tranches d'environ 4 cm (1½ po) de large dans le filet d'un saumon fumé Chinook. Calculer trois tranches par personne.

Rouler délicatement chaque tranche de manière à former une rose. Au centre, marquer le cœur avec des œufs de corégone. Réserver.

Sur une assiette, disposer trois rosettes de saumon fumé autour d'un buisson de feuilles de pissenlit. Assaisonner légèrement avec quelques gouttes de vinaigre et un filet d'huile de tournesol.

Ajouter un pain banique qui aura été incisé au centre pour y glisser de la crème sure. Ajouter les œufs de corégone qui restent.

Banique

Mélanger la farine et le sel; faire un puits au centre et y verser l'eau froide. Mélanger de façon à obtenir une pâte lisse, mais sans trop la travailler. Laisser reposer pendant 1 h au moins, au frais.

Détailler la pâte en petits morceaux et les rouler avec la paume de la main pour obtenir de petits cigares de 5 cm (2 po) de long et de 1,5 cm (½ po) de diamètre.

Cuire dans une poêle dans la graisse d'oie, à feu doux, pendant 30 minutes en retournant les morceaux de temps en temps.

Truite en papillote à la menthe sauvage

Pour 1 personne

15 ml (1 c. à soupe) de graisse d'oie
1 feuille d'aluminium d'environ 40 x 15 cm (16 x 6 po)
1 truite par personne, de 25 à 30 cm (10 à 12 po)
1 tige de menthe sauvage pourvue de belles feuilles
et quelques feuilles séparées de leur tige

Graisser la feuille d'aluminium avec les doigts pour obtenir un film uniforme.

Y déposer la truite que l'on aura «farcie» avec la tige de menthe. Couvrir le poisson avec le reste des feuilles de menthe. Fermer la papillote à double pli, hermétiquement.

Plonger dans une casserole d'eau bouillante; couvrir et cuire une dizaine de minutes.

Retirer la papillote de la casserole, l'inciser et servir tel quel.

Mignonnettes de caribou au vin de bleuet

Pour 4 personnes

2 gousses d'ail des bois
1 oignon émincé
30 ml (2 c. à soupe) de sel et de poivre concassé
½ litre (2 tasses) de vin de bleuet
4 tournedos prélevés sur un caribou mature
15 ml (1 c. à soupe) d'huile de tournesol
15 ml (1 c. à soupe) de beurre

Préparer une marinade en ajoutant l'ail des bois, l'oignon émincé et le poivre concassé au vin de bleuet. Couvrir les tournedos de cette marinade et laisser reposer.

Essuyer les tournedos, poivrer et saisir à feu vif, dans une poêle où l'on aura versé l'huile. Cuire de 2 à 3 minutes de chaque côté. Retirer du feu et réserver au chaud.

Ôter le gras de la poêle, puis déglacer avec le liquide de la marinade (passée au chinois). Faire réduire jusqu'à l'obtention de la valeur d'une cuillerée d'une préparation sirupeuse.

Hors du feu, à l'aide d'un fouet (ou en imprimant un mouvement giratoire à la poêle), incorporer le beurre, en morceaux, pour obtenir une sauce lisse et homogène. Rectifier l'assaisonnement.

Napper les tournedos de cette sauce et servir avec du maïs et des têtes de violon, ainsi qu'avec du riz sauvage, si désiré.

Poitrine de dindon sauvage marinée aux graines de coriandre et aux herbes

Pour 4 à 6 personnes

125 ml (½ tasse) d'huile de tournesol
60 ml (¼ tasse) de graines de coriandre concassées
2 gousses d'ail sauvage
500 ml (2 tasses) de menthe sauvage
15 ml (1 c. à soupe) de vinaigre aux fruits sauvages (mûres, framboises ou autre)
sel et poivre
1 belle poitrine de dindon sauvage, désossée

Préparer une marinade en ajoutant à l'huile les graines de coriandre concassées, l'ail, la menthe, le vinaigre aromatisé, le sel et le poivre.

Y faire mariner la poitrine de dindon pendant 24 h, au frais.

Retirer la poitrine de la marinade, ne pas l'essuyer et l'envelopper dans une feuille d'aluminium. Fermer hermétiquement pour faire une papillote.

Cuire doucement, pendant 1 h environ, dans un four préchauffé à 190 °C (375 °F).

Servir chaud ou refroidi. Accompagner de feuilles de pissenlit, d'une compote d'airelles et d'épis de blé d'Inde.

Pemmican

1 à 1,5 kg (env. 2 à 3 lb) de viande de gibier
1,5 kg (env. 3 lb) de graisse d'oie
sel, poivre concassé et baies de genièvre concassées
500 g (env. 1 lb) de petits fruits (baies) séchés

Pocher la viande dans l'eau bouillante pour la débarrasser de son sang.

Passer au hachoir, à la grosse grille.

Faire fondre la graisse d'oie, puis ajouter la viande et les assaisonnements. Cuire pendant 1 h environ.

Ajouter les fruits coupés en petits morceaux.

Laisser refroidir. Lorsque la graisse commence à figer, bien mélanger tous les ingrédients. Conserver au réfrigérateur.

L'HEURE DU REPAS, MINGAN

André Michel

Huile sur toile, 1979

51 x 61 cm

VII

UN NOUVEAU REGARD INTERNATIONAL

Toutes les cuisines évoluent dans le temps et dans l'espace. Devrait-il en être autrement de la cuisine amérindienne? Des chefs cuisiniers d'Europe, d'Asie et d'Amérique ont gracieusement accepté de créer des plats en se servant de produits indigènes que les autochtones ont toujours utilisés en Amérique du Nord, apportant de cette manière leur contribution à l'essor de cette cuisine. Respectueux des traditions, ils n'en ont pas moins suivi leur inspiration. Les ingrédients modernes utilisés projettent ainsi cette cuisine aux racines anciennes dans l'actualité et dans l'avenir. D'ailleurs, les Amérindiens ne font pas autrement. Ils utilisent, eux aussi, les ingrédients qu'offre le marché. Pourquoi ne pourrait-on pas marier caribou et herbes de Provence? La réponse se trouve dans les pages qui suivent.

Charlotte de pétoncles et oursins aux cœurs de quenouille

JEAN-CLAUDE BELMONT
Professeur de cuisine
Institut de tourisme et d'hôtellerie du Québec
Montréal, Québec, Canada

Pour 4 personnes

MOUSSE

6 oursins
240 g (env. ½ lb) de pétoncles
100 ml (3½ oz) de Noilly Pratt
2 œufs
5 ml (1 c. à thé) de gingembre râpé
150 ml (⅔ tasse) de crème à 35 %
sel et poivre
beurre doux
2 bocaux de cœurs de quenouille de 100 ml (3½ oz) chacun

SABAYON AUX OURSINS

5 jaunes d'œufs
6 oursins
200 ml (7 oz) de vin blanc
1 pointe de macis

GLACE DE VIANDE

350 ml (env. 1½ tasse) de fond brun de veau
150 ml (⅔ tasse) de caribou (alcool)
75 g (2½ oz) de beurre non salé
sel et poivre du moulin

À l'aide du robot culinaire, confectionner une mousse légère avec les oursins, les pétoncles, le vermouth, les œufs entiers, le gingembre et la crème. Saler, poivrer, couvrir et réserver au réfrigérateur.

Beurrer abondamment des cercles de 6 cm (2¼ po) de diamètre. Chemiser les parois intérieures avec les cœurs de quenouille. Remplir les cavités avec la mousse de pétoncles.

Couvrir chaque charlotte d'un papier film. Cuire, de préférence à la vapeur, pendant une dizaine de minutes.

Monter le sabayon aux oursins dans un cul-de-poule, avec les jaunes d'œufs, les oursins (frais), le vin blanc et le macis. Rectifier l'assaisonnement et garder dans un endroit tempéré.

Faire réduire le fond brun de moitié, ajouter le caribou et monter au beurre doux. Rectifier l'assaisonnement avec sel et poivre du moulin.

PRÉSENTATION

Pour présenter les charlottes: au centre d'une grande assiette blanche, former un motif circulaire avec 60 ml (¼ tasse) de sabayon; colorer à la salamandre. Entourer cette sauce gratinée d'un cordon de glace de viande. Décorer avec des œufs de saumon, du cerfeuil et une pince de homard cuite à la vapeur.

Tourte de caribou aux gourganes et aux champignons sauvages

Jean-Claude Belmont
Professeur de cuisine
Institut de tourisme et d'hôtellerie du Québec
Montréal, Québec, Canada

Pour 4 personnes

SAUCE AU CARIBOU

6 échalotes sèches, hachées
beurre doux
200 ml (7 oz) de vin rouge
100 ml (3½ oz) de caribou (alcool)
500 ml (2 tasses) de fond brun de caribou
sel et poivre
thym frais

GARNITURE

50 g (env. 2 oz) de petits oignons blancs
beurre
50 g (env. 2 oz) de morilles
50 g (env. 2 oz) de chanterelles
150 g (5 oz) de champignons de couche

450 g (1 lb) de longe de caribou
huile
400 g (14 oz) de feuilletage
200 g (7 oz) de gourganes

Faire suer les échalotes au beurre, déglacer au vin rouge et au caribou; laisser réduire de moitié et ajouter le fond de caribou. Saler, poivrer, ajouter le thym et laisser, de nouveau, réduire de moitié. Monter la sauce au beurre doux et passer au chinois fin.

Blanchir les petits oignons, les égoutter et les faire sauter au beurre avec les champignons. Rectifier l'assaisonnement et tenir au chaud.

Saisir les longes de caribou à l'huile, puis les faire cuire au four, pour qu'elles restent saignantes. Après cuisson, les laisser reposer au chaud, pendant 20 minutes au moins.

Abaisser le feuilletage et y détailler 4 ronds de 5 po (13 cm) de diamètre environ. Cuire au four, à 190 °C (375 °F) pendant 20 minutes.

Cuire les gourganes à l'eau salée, les peler et les tenir au chaud.

PRÉSENTATION

Couper un rond de feuilletage cuit, dans le sens de la largeur, pour obtenir deux parties. Au centre de l'assiette, placer la partie inférieure du feuilletage. Ensuite, en couches successives, déposer un peu de sauce au caribou, quelques tranches de longe, 30 ml (2 c. à soupe) de champignons sautés et quelques gourganes cuites. Déposer la partie supérieure du feuilletage sur le dessus et beurrer légèrement.

Entourer de sauce. Décorer avec des gourganes.

Pétoncles grillés, sauce au lait de maïs

MARCEL BOUCHARD
Auberge des 21
La Baie
Québec, Canada

Pour 4 personnes

4 épis de maïs frais
¼ de citron
sel
poivre de Cayenne
beurre manié ou fécule de maïs (très peu)
20 belles noix de pétoncles

Séparer les grains des épis avec un couteau tranchant. Conserver les plus beaux comme éléments de décoration. Passer les grains à l'extracteur à jus pour obtenir une substance laiteuse.

Chauffer ce lait en ajoutant le jus de citron. Saler, ajouter le poivre de Cayenne et y cuire les grains de maïs de la décoration. Lier très légèrement avec du beurre manié ou de la fécule de maïs, de manière à obtenir la consistance d'une crème anglaise. Vérifier l'assaisonnement.

Sur le gril, quadriller les pétoncles des deux côtés; éviter de trop les cuire, ils doivent rester moelleux.

PRÉSENTATION

Napper les assiettes (chaudes) de sauce et y déposer les noix de pétoncles.

GRILLADES
André Michel
Dessin à la sanguine
46 x 31 cm

Saumon boucané minute, beurre blanc au vinaigre d'érable et œufs de corégone

MARCEL BOUCHARD
Auberge des 21
La Baie
Québec, Canada

Pour 4 personnes

4 escalopes de saumon, arêtes et peau enlevées
1 pincée de sel
30 ml (1 oz) de whisky
œufs de corégone ou de meunier noir
brindilles de ciboulette

BEURRE BLANC

60 ml (2 oz) de vinaigre d'érable
60 ml (2 oz) de vin blanc sec
10 grains de poivre noir, entiers
60 ml (2 oz) de crème à 35 %
115 g (1/4 lb) de beurre froid, en petits dés
ciboulette hachée fin

Pour préparer le beurre blanc, faire réduire le vinaigre, le vin blanc et les grains de poivre jusqu'à ce qu'il ne reste que deux cuillerées de liquide. Ajouter la crème, faire bouillir puis, un à un, ajouter les dés de beurre froid, en fouettant légèrement, jusqu'à ce que la sauce ait une consistance agréable. Passer au tamis, ajouter la ciboulette. Réserver.

Une heure avant de fumer le saumon, saler légèrement les escalopes et les badigeonner avec le whisky.

Mettre la rôtissoire sur un élément de la cuisinière; ajouter 2 tasses de sciure de bois et attendre qu'elle commence à noircir et à brûler. Poser la marguerite avec les escalopes de saumon à l'intérieur; couvrir et cuire 8 minutes environ.

PRÉSENTATION

Dresser un cordon de beurre blanc sur les assiettes; déposer les escalopes de saumon et garnir d'œufs de corégone et de brindilles de ciboulette.

Note: *À défaut de vinaigre d'érable, on peut utiliser du vinaigre de vin blanc auquel on aura ajouté 15 ml (1 c. à soupe) de sirop d'érable.*

Pour fumer le poisson, il faut: une vieille rôtissoire, une marguerite, deux tasses de sciure de bois Hickory et un fouet.

Caribou aux bleuets à la mignonnette de poivre

Serge Bruyère, *juin* 1980 — *juillet* 1993
À la Table de Serge Bruyère
Québec
Québec, Canada

Pour 4 personnes

50 g (env. 2 oz) de sucre
1 échalote
150 g (5 oz) de bleuets
45 ml (1 ½ oz) de vinaigre de vin
300 ml (10 oz) de fond de veau
sel au goût
600 g (env. 1 ¼ lb) de viande de caribou, sans os (8 tranches)
15 grains de poivre

Faire caraméliser le sucre dans une casserole. Ajouter l'échalote hachée et la moitié des bleuets, y verser le vinaigre de vin. Verser le fond de veau et cuire une dizaine de minutes. À la fin de la cuisson, passer le tout dans une passoire fine, en écrasant les fruits. Dans la sauce obtenue, mettre le reste des bleuets. Réserver au chaud. Saler, si désiré.

Cuire les tranches de caribou dans une poêle chaude pendant 2 minutes de chaque côté.

Présentation

Servir les morceaux saignants, nappés de sauce et parsemés de poivre écrasé.

Cuisson à la poêle
André Michel
Dessin à la sanguine
46 x 31 cm

Consommé d'ours

RENAUD CYR
Manoir des Érables
Montmagny
Québec, Canada

Pour 8 personnes

1 jarret d'ours de 3 à 4 kg (6½ à 9 lb), coupé en morceaux
240 ml (env. 1 tasse) d'huile
8 à 10 litres (env. 2 gallons) d'eau froide
2 gros oignons tranchés
30 ml (2 c. à soupe) de sel
5 ml (1 c. à thé) de grains de poivre
5 clous de girofle
3 brins de thym
1 pincée de marjolaine
2 branches de persil
2 ou 3 feuilles de laurier
1 kg (env. 2 lb) de chair d'ours hachée
1 carotte
1 branche de céleri
1 oignon
1 tomate
10 blancs d'œufs
1 bouquet garni

Prendre bien soin de dégraisser complètement le jarret. Le faire brunir dans l'huile, ajouter l'eau froide, les oignons tranchés, le sel, le poivre et les aromates. Porter doucement à ébullition et laisser mijoter pendant 4 h. Passer le bouillon.

Clarifier avec 1 kg (env. 2 lb) de chair d'ours, une carotte, une branche de céleri, un gros oignon haché, une tomate, 10 blancs d'œufs et un bouquet garni. Passer à l'étamine et réserver.

LA CUISSON DU POTAGE

Cuisses d'outarde aux noisettes sauvages

RENAUD CYR
Manoir des Érables
Montmagny
Québec, Canada

Pour 4 à 6 personnes

2 cuisses d'outarde
140 ml (env. 5 oz) d'huile de maïs
1 carotte
1 oignon
1 branche de céleri
1 feuille de laurier
ou 2 à 3 feuilles de cèdre
200 ml (7 oz) de fond d'outarde
100 g (env. 3 oz) de lard
120 g (4 oz) de petits oignons blancs
8 gousses d'ail des bois, avec les feuilles
1 foie d'oie
200 g (7 oz) de petites chanterelles
120 g (1¼ lb) de beurre
160 g (5½ oz) de cœurs de quenouille
120 g (4 oz) de noisettes
quatre-épices
sel, poivre

Bien faire rôtir les cuisses d'outarde (belle coloration) dans l'huile; ajouter une mirepoix (faite avec la carotte, l'oignon, le céleri), le laurier (ou le cèdre), les feuilles de l'ail des bois et cuire à four chaud, à 200 °C (400 °F), en arrosant.

Au bout de 40 minutes, retirer l'excès de gras et ajouter le fond d'outarde. Laisser mijoter doucement, la cocotte couverte, en arrosant souvent.

Couper le lard en petits dés, faire sauter et ajouter les petits oignons blancs, les gousses d'ail et le foie coupé en petits morceaux; cuire doucement. À mi-cuisson, ajouter les chanterelles et faire mijoter.

Retirer les cuisses d'outarde de la cocotte et réserver au chaud. Passer le fond de cuisson au chinois et le monter au beurre. Après les avoir bien dégraissés, ajouter les petits oignons, les gousses d'ail, les chanterelles, le lard et le foie au fond de cuisson. Incorporer ensuite les cœurs de quenouille, les noisettes et le quatre-épices. Rectifier l'assaisonnement.

Perdrix de savane à l'ail des bois et aux feuilles d'érable

RENAUD CYR
Manoir des Érables
Montmagny
Québec, Canada

Pour 1 personne

FARCE

1 œuf
2 petites gousses d'ail des bois
abats de la perdrix, crus et hachés très fins
120 ml (4 oz) de dés de pain légèrement sautés
120 ml (4 oz) de pommes de terre en dés, crues
sel et poivre

1 perdrix
quelques feuilles d'érable
1 grande tranche de lard (entrelardé) de 10 x 15 cm (4 x 6 po)
125 ml (½ tasse) de riz sauvage cuit

Préparer une farce en mélangeant tous les ingrédients. Farcir l'oiseau. Déposer quelques feuilles d'érable sur la perdrix et l'envelopper ensuite dans la barde de lard. Bien la ficeler.

Faire revenir de tous les côtés et cuire pendant 1 h environ, à feu doux.

PRÉSENTATION

Servir la perdrix sur un lit de riz sauvage, accompagnée du jus de cuisson bien dégraissé.

UN PEU D'ASSAISONNEMENT
André Michel
Dessin à la sanguine
46 x 31 cm

Perdrix au pimbina

MICHEL DERET
Le Charentais
Montréal
Québec, Canada

Pour 4 personnes

4 perdrix bartavelles ou colin de Virginie
sel et poivre
1 oignon
1 carotte
1 branche de céleri
2 gousses d'ail

FARCE

2 échalotes sèches
100 g (env. 3 oz) de beurre doux
2 gousses d'ail des bois, hachées
100 g (env. 3 oz) de riz sauvage, cuit
100 g (env. 3 oz) de maïs en grains, cuit
100 ml (3½ oz) de vin blanc
1 litre (4 tasses) de fond de perdrix
1 œuf
sel et poivre

50 ml (env. 3 c. à soupe) d'huile de tournesol
200 g (7 oz) de pimbina
30 ml (1 oz) de brandy

Désosser les perdrix par le dos, en conservant l'os du pilon. Saler, poivrer et réserver. Concasser les os. Réserver. Couper en brunoise oignon, carotte et céleri; hacher grossièrement l'ail. Réserver cette mirepoix.

FARCE

Hacher finement les échalotes et faire revenir doucement avec la moitié du beurre. Ajouter l'ail des bois, le riz et le maïs. Faire mijoter avec le vin blanc et 100 ml (3½ oz) de fond de perdrix pendant 10 minutes. Laisser refroidir. Lier avec l'œuf entier battu. Saler et poivrer au goût.

Farcir les perdrix. Reconstituer les oiseaux en les soutenant avec une bandelette d'aluminium de 2 cm (¾ po) de large.

Déposer dans un sautoir chaud avec l'huile de tournesol; badigeonner avec le jus de pimbina et cuire pendant 30 minutes dans un four à 230 °C (450 °F). Baisser la température à 180 °C (350 °F); ajouter les os concassés et la mirepoix et poursuivre la cuisson pendant 30 minutes.

Réserver les perdrix au chaud. Dégraisser le sautoir, ajouter le fond de perdrix, le reste du pimbina et le brandy. Cuire 10 minutes, passer au chinois, réduire jusqu'à consistance voulue et terminer la sauce, au beurre.

PRÉSENTATION

Déposer les perdrix sur un plat et les napper de sauce.

Filet de doré rôti au four, aux graines de tournesol, accompagné d'un gâteau de maïs

ANNE DESJARDINS
L'Eau-à-la-Bouche
Sainte-Adèle
Québec, Canada

Pour 4 personnes

2 dorés de 500 g (env. 1 lb) chacun
huile de tournesol
150 g (5 oz) de graines de tournesol, blanchies et hachées
sel
4 échalotes vertes ou ciboules
200 g (7 oz) de beurre
citron

GÂTEAU DE MAÏS

300 g (10 oz) de farine
1 œuf
150 ml (2/3 tasse) de lait
50 g (env. 3 c. à soupe) de beurre fondu
2 échalotes hachées
2 épis de maïs ou 200 g (7 oz) de maïs surgelé

Écailler et lever les filets des poissons. Les huiler avec de l'huile de tournesol et les déposer, côté peau, sur une plaque doublée d'une feuille d'aluminium. Saupoudrer la chair du poisson avec les graines de tournesol hachées, saler et placer une ciboule sur chaque filet. Cuire 5 minutes dans un four préchauffé à 200 °C (400 °F).

Récupérer le jus de cuisson et le faire réduire. Monter cette réduction avec le beurre. Rectifier l'assaisonnement avec du sel et du jus de citron.

GÂTEAU DE MAÏS

Préparer une pâte à crêpe avec la farine, l'œuf, le lait et le beurre fondu. Ajouter les échalotes, hachées et blondies dans une sauteuse. Incorporer les grains de maïs à la pâte. Verser cette pâte dans des moules à muffins beurrés, de 5 cm (2 po) de large, et cuire dans un four préchauffé à 190 °C (375 °F) pendant une quinzaine de minutes.

PRÉSENTATION

Déposer les filets de doré sur des assiettes chaudes; entourer les filets de sauce et décorer de ciboules fraîchement hachées. Garnir avec le gâteau de maïs.

Perdrix braisées, farcies aux bleuets et au riz sauvage

ANNE DESJARDINS
L'Eau à la Bouche
Sainte-Adèle
Québec, Canada

Pour 4 personnes

FARCE

300 g (10 oz) de riz sauvage, cuit
300 g (10 oz) de bleuets
6 échalotes vertes ou ciboules, hachées fin
1 œuf
1 gousse d'ail, hachée
50 g (env. 3 c. à soupe) de beurre
sel au goût

2 perdrix prêtes à cuire
50 ml (env. 2 oz) de vinaigre de bleuet
100 ml (3½ oz) de vin blanc
100 ml (3½ oz) de bouillon de volaille
100 ml (3½ oz) de crème à 35 %

Préparer une farce en mélangeant le riz sauvage cuit, la moitié des bleuets, la moitié des échalotes ou des ciboules hachées, l'œuf, la gousse d'ail hachée, la noix de beurre et le sel.

Farcir les deux perdrix, les ficeler parfaitement et les placer dans une cocotte à braiser avec le reste des échalotes. Cuire, à couvert, dans un four préchauffé à 190 °C (375 °F) pendant 1 h, en découvrant la cocotte pendant le dernier quart d'heure.

Réserver les perdrix au chaud. Déglacer la cocotte avec le vinaigre de bleuet et le vin blanc. Faire réduire, puis mouiller avec le bouillon de volaille. Faire réduire de nouveau, ajouter la crème et laisser épaissir jusqu'à consistance désirée. Au moment de servir, ajouter une noix de beurre et le reste des bleuets. Vérifier l'assaisonnement.

PRÉSENTATION

Couper les perdrix en deux et servir les quatre portions sur des assiettes chaudes. Répartir la sauce entre les assiettes. Accompagner de têtes de violon ou de cœurs de quenouille.

Filet d'esturgeon aux foies de cabillaud

Jean-Paul Grappe
Professeur de cuisine
Institut de tourisme et d'hôtellerie du Québec
Montréal, Québec, Canada

Pour 4 personnes

600 g (env. 1 ¼ lb) de filet d'esturgeon
200 g (7 oz) de foies de cabillaud (morue fraîche)
1 blanc d'œuf
20 g (¾ oz) de vesiga (moelle épinière de l'esturgeon)
jus de veau
beurre
graines de moutarde

À l'achat de l'esturgeon, demander au poissonnier de mettre de côté la moelle épinière du poisson (la vesiga). La cuire à l'eau salée; la laisser refroidir.

Au robot culinaire, émulsionner les foies de cabillaud, le blanc d'œuf et la vesiga. Passer l'ensemble au tamis et monter sur glace afin d'obtenir une texture lisse; réserver.

Couper le filet d'esturgeon en morceaux de 2 cm (¾ po) de large; les recouvrir avec l'appareil aux foies de cabillaud. Placer au réfrigérateur. Lorsque le tout est très froid, envelopper chaque morceau d'un papier film.

Faire cuire à la marguerite, à la vapeur.

Présentation

Servir avec un jus de veau brun, monté au beurre, et décorer avec des graines de moutarde.

Lagopèdes des saules cuits dans la glaise

JEAN-PAUL GRAPPE
Professeur de cuisine
Institut de tourisme et d'hôtellerie du Québec
Montréal, Québec, Canada

Cette recette suit un mode de cuisson typiquement autochtone qui est particulièrement intéressant. Les lagopèdes cuisent à l'étouffée. Grâce à cette cuisson lente et protégée, ils gardent toute leur saveur.

Selon cette méthode, les autochtones creusaient un trou de 1,80 m (env. 6 pi) de côté x 1,50 m (env. 5 pi) de profondeur. Ils tapissaient de pierres le fond et les côtés du trou, et y faisaient un feu.

Les oiseaux étaient éviscérés, mais n'étaient pas plumés. Pendant que le feu brûlait, ils les enveloppaient de glaise, tout en laissant un petit trou pour que la vapeur s'échappe. Quand le feu n'était plus que braise, les pierres et les braises étaient écartées, les lagopèdes déposés au fond, puis recouverts entièrement avec les pierres et les braises. Ensuite, on refermait le trou.

Au bout de 2 à 3 h de cuisson, les boules de glaise cuite étaient dégagées.

En cassant ces gaines, le lagopède apparaît nu, puisque les plumes restent collées à la glaise. Pour les accompagner, une sauce pour gibier, bien corsée, conviendrait parfaitement.

Poitrine d'oie rôtie aux chanterelles et quenouilles, avec un coussin de feuilletage

Marcel Kretz
Professeur de cuisine
École hôtelière des Laurentides
Sainte-Adèle, Québec, Canada

Pour 2 à 4 personnes,
selon la grosseur de l'oie

1 poitrine d'oie (double) avec carcasse et foie
60 ml (1/4 tasse) d'huile de maïs
60 g (4 c. à soupe) de beurre
4 à 5 petits oignons rouges
150 g (5 oz) de lard entrelardé
1 petite branche de céleri
1 pincée de thym
1 gousse d'ail, écrasée
quelques tiges de persil, hachées
sel et poivre
200 g (7 oz) de pâte feuilletée
120 ml (4 oz) de vin rouge
200 ml (7 oz) de fond d'oie
200 g (7 oz) de chanterelles
une douzaine d'atocas
8 cœurs de quenouille cuits, en bâtonnets
4 à 5 mini-maïs, cuits
1 tomate

Dans un four à 230 °C (450 °F) au début, faire cuire la poitrine d'oie double avec l'huile et le beurre; ajouter les oignons, le lard coupé en dés, le céleri, le thym, l'ail et le persil; saler et poivrer. À la coloration de la viande, réduire la chaleur du four à 175 °C (env. 350 °F). Arroser souvent pendant la cuisson.

Préparer les coussins de feuilletage; détailler la pâte en forme de rond ou de carré et laisser reposer au réfrigérateur.

Lorsque l'oie est cuite à la goutte de sang, l'enlever de la cocotte et mettre de côté au chaud.

Retirer le gras de la cocotte, ajouter le vin rouge et faire réduire; ajouter le fond d'oie et cuire 15 minutes. Passer au chinois.

Laisser mijoter le foie d'oie dans le jus de cuisson avec les chanterelles, les atocas, les cœurs de quenouille, les mini-épis de maïs et la tomate coupée en dés.

Cuire les coussins de feuilletage à four chaud, à 230 °C (450 °F).

Présentation

Désosser les poitrines d'oie et les détailler en portions. Au fond de l'assiette, mettre le feuilletage et dresser les légumes mijotés et le foie d'oie; disposer les poitrines et mettre la sauce sur le côté.

Note: *À défaut de cœurs de quenouille, on peut utiliser des pousses de fougère, des asperges sauvages ou cultivées.*

Gélinotte huppée aux pommes, petits oignons et carottes

Marcel Kretz
Professeur de cuisine
École hôtelière des Laurentides
Sainte-Adèle, Québec, Canada

Pour 4 personnes

100 g (env. 3 oz) de lard non fumé, en lardons
20 g (4 c. à thé) de beurre
2 gélinottes (avec peau, gésier et foie)
2 échalotes, hachées
1 pomme, épluchée et émincée
1 tomate en quartiers
1 pincée de sarriette
1 feuille de laurier
5 ml (1 c. à thé) de farine
1 verre de vin blanc
500 ml (2 tasses) d'eau
150 g (5 oz) de petits oignons blancs, frais
150 g (5 oz) de carottes
sel et poivre

Faire revenir les lardons au beurre et réserver. Puis dorer légèrement les gélinottes avec les foies et les gésiers nettoyés; réserver.

Faire revenir les échalotes, ajouter la pomme, la tomate, les lardons, la sarriette et le laurier. Saupoudrer légèrement de farine. Verser le vin blanc et l'eau, puis porter à ébullition.

Ajouter les gélinottes; couvrir et laisser mijoter doucement au four, pendant une quinzaine de minutes. Puis mettre les oignons blancs et les carottes. Assaisonner. Poursuivre la cuisson pendant 40 minutes.

Présentation

Couper les gélinottes en deux. Sur l'assiette, les entourer du fond de cuisson non passé. Garnir avec des pommes de terre en purée ou des pâtes.

Le «plumage»
André Michel
Dessin à la sanguine
46 x 31 cm

Filet de cerf de Virginie aux baies de genièvre et son chutney de fruits savoureux

Alain Labrie
Auberge Hatley
North Hatley
Québec, Canada

Pour 4 personnes

CHUTNEY

100 g (3½ oz) de groseilles
75 g (2½ oz) de framboises
75 g (2½ oz) de bleuets
75 g (2½ oz) de miel
30 ml (1 oz) de vinaigre de cidre
60 ml (2 oz) d'eau

SAUCE

3 échalotes
15 ml (1 c. à soupe) de baies de genièvre écrasées
100 ml (3½ oz) de gin
50 ml (env. 2 oz) de vinaigre de framboise
100 ml (3½ oz) de vin rouge
50 ml (env. 2 oz) de jus de lime
100 g (env. 3 oz) de gelée de groseilles
1 litre (4 tasses) de fond de gibier ou de veau
50 g (env. 3 c. à soupe) de beurre non salé
sel et poivre

600 g (1¼ lb) de filet de cerf, paré

CHUTNEY

Mélanger les fruits, ajouter le miel, le vinaigre de cidre et l'eau, et cuire à feu doux jusqu'à épaississement, une dizaine de minutes.

SAUCE

Faire revenir les échalotes avec les baies de genièvre écrasées; déglacer avec le gin, ajouter le vinaigre de framboise, le vin rouge, le jus de lime et la gelée de groseilles. Faire réduire de moitié, ajouter le fond de gibier, puis réduire de nouveau jusqu'à ce qu'il ne reste que 200 ml (¾ tasse) de sauce. La passer au chinois, incorporer le beurre (à température ambiante), saler, poivrer et réserver.

PRÉSENTATION

Faire revenir le filet de cerf à feu vif, de manière à le servir saignant. Dresser sur quatre assiettes chaudes, napper de sauce aux baies de genièvre et garnir avec le chutney aux petits fruits. On peut accompagner ce plat de polenta et de légumes variés.

Escalope de saumon légèrement fumé et beurre à l'ail des bois

Alain Labrie
Auberge Hatley
North Hatley
Québec, Canada

Pour 4 personnes

BEURRE À L'AIL

100 ml (3½ oz) de vinaigre de vin blanc
2 échalotes
200 g (7 oz) d'ail des bois
200 ml (7 oz) de vin blanc sec
100 ml (3½ oz) de crème à 35 %
300 g (env. 1¼ tasse) de beurre salé

400 g (14 oz) d'escalopes de saumon
5 ml (1 c. à thé) de gros sel de mer, gris

BEURRE À L'AIL

Dans une casserole, faire réduire le vinaigre avec les échalotes et l'ail des bois, hachés. Ajouter le vin blanc, puis faire réduire de nouveau; ajouter la crème et cuire jusqu'à ce que la crème change de couleur. Incorporer le beurre (à température ambiante) par petits morceaux. Réserver au chaud.

POISSON

Dans un fumoir, fumer légèrement (pendant 5 minutes environ) les escalopes de saumon avec de l'écorce de cèdre.

PRÉSENTATION

Dresser le poisson sur des assiettes chaudes; assaisonner de gros sel gris et napper de beurre à l'ail des bois. Garnir de pluches de cerfeuil et servir aussitôt.

Soupe aux graines de tournesol et au lièvre

Laurier Therrien
La Tanière
Sainte-Foy
Québec, Canada

Pour 6 personnes

2 carcasses de canards ou de perdrix
15 ml (1 c. à soupe) de graisse de canard
2 litres (8 tasses) d'eau
1 oignon
500 ml (2 tasses) de graines de tournesol, non salées
1 cuisse de lièvre
1 gousse d'ail des bois ou 3 feuilles d'ail des bois
sel de mer (au goût)

Sectionner les carcasses, puis les colorer, à feu vif, dans la graisse de canard. Verser l'eau et laisser mijoter pendant 1 h au moins. Passer le bouillon.

Ajouter l'oignon émincé, les graines de tournesol, la cuisse de lièvre (entière) et l'ail des bois. Faire cuire pendant au moins 30 minutes. Retirer la cuisse de lièvre, la désosser, couper la chair en petits morceaux et la remettre dans la soupe.

Saler avec le sel de mer et servir.

Est-ce assez cuit?
André Michel
Dessin à la sanguine
46 x 31 cm

Ragoût de caribou aux baies de genièvre et farine de maïs (ou de quenouille)

LAURIER THERRIEN
La Tanière
Sainte-Foy
Québec, Canada

45 ml (3 c. à soupe) de baies de genièvre
épaule de caribou sur l'os, de 6 à 10 kg (13 à 22 lb)
1 litre (4 tasses) de bouillon d'os de caribou
beurre
250 ml (1 tasse) de farine de maïs (ou de quenouille)
sel de mer

Faire tremper les baies de genièvre dans 250 ml (1 tasse) d'eau pendant 24 h.

Désosser l'épaule de caribou. Sectionner les os et les cuire dans 2 litres (8 tasses) d'eau. Faire réduire de moitié. Passer le bouillon et réserver.

Découper la viande en cubes de 2 cm (¾ po) environ. Colorer au beurre à feu vif dans une sauteuse et transférer dans une marmite. À la viande, ajouter la farine de maïs (ou de quenouille) et bien remuer à la cuillère. Mouiller avec le bouillon de caribou en incorporant bien.

Égoutter les baies de genièvre et les ajouter au contenu de la marmite. Déglacer la sauteuse avec l'eau de trempage des baies et verser la réduction dans la marmite. Saler et laisser cuire à feu doux pendant environ 2 h, en remuant de temps en temps.

DÉPEÇAGE DU CARIBOU

Lanières d'orignal ou de bison, fumées

LAURIER THERRIEN
La Tanière
Sainte-Foy
Québec, Canada

orignal ou bison

SAUMURE

1 litre (4 tasses) d'eau
125 ml (½ tasse) de gros sel
ou de sel de mer
125 ml (½ tasse) de cassonade
ou de sirop d'érable très foncé

sirop d'érable

Préparer des lanières de viande de 0,5 cm (¼ po) d'épaisseur, de 4 cm (1½ po) de largeur et de 30 cm (12 po) de longueur.

Les faire tremper pendant 2 h dans une saumure refroidie, que l'on aura préparée en faisant cuire le mélange d'eau, de sel et de cassonade ou de sirop d'érable.

Suspendre les lanières sur des petits bâtons pour les égoutter. Les sécher au soleil pendant 2 h environ.

Préparer le fumoir ou simplement un abri dans lequel on alimente un petit feu avec des branches fines, de manière à obtenir une fumée dense (de temps en temps, asperger le feu avec un peu d'eau pour accélérer le processus). Y fumer les lanières de viande pendant une journée complète (plus longtemps, si elles sont épaisses).

Les retirer, les étendre et les badigeonner avec un peu de sirop d'érable. Les laisser refroidir.

ÇA MIJOTE!
André Michel
Dessin à la sanguine
46 x 31 cm

Suprêmes d'outarde rôtie aux noisettes

Olivier Altherr
Plume
Regent Hotel
Hong-Kong, Hong-Kong

Pour 4 personnes

2 jeunes outardes
150 g (2/3 tasse) de beurre non salé
120 g (4 oz) de noisettes
160 g (5½ oz) de lard entrelardé, blanchi
100 g (env. 3 oz) de petits oignons blancs
4 échalotes sèches
150 g (5 oz) de chanterelles
un peu de beurre
un peu d'huile

Avec les cuisses d'outarde, préparer un fond de gibier et le réduire à la glace. Le monter au beurre et incorporer les noisettes.

Faire revenir le lard blanchi avec les oignons et les échalotes entières. À mi-cuisson, ajouter les foies des outardes et les chanterelles. Réserver.

Avec le beurre et l'huile, faire cuire les deux poitrines, sur les os, à la goutte de sang.

Présentation

Napper le fond de l'assiette de la sauce, y disposer les poitrines découpées en aiguillettes, puis garnir avec la préparation aux chanterelles.

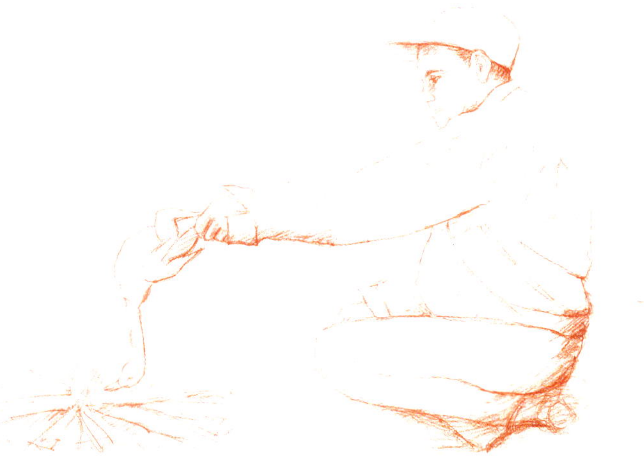

Le grillage du gibier
André Michel
Dessin à la sanguine
46 x 31 cm

Filets de corégone aux herbes sauvages

Juan Arzak
21 Alto de Miracruz
San Sebastian
Espagne

Pour 4 personnes

PURÉE

beurre
2 échalotes
4 gousses d'ail des bois
100 g (env. 3 oz) d'orpin pourpre
60 g (2 oz) de feuilles de plantain
100 g (env. 3 oz) d'herbe de Sainte-Barbe
sel et poivre

SAUCE

2 échalotes sèches, hachées
120 ml (4 oz) de vin blanc sec
250 g (env. ½ lb) de maïs en grains
200 ml (7 oz) de fumet de poisson
175 g (¾ tasse) de beurre non salé

beurre
50 g (env. 2 oz) d'oignon haché
100 g (env. 3 oz) de chanterelles
100 g (env. 3 oz) de pleurotes
100 g (env. 3 oz) de morilles
sel et poivre

beurre
4 filets de corégone, avec la peau

Purée d'herbes sauvages

Faire revenir doucement, au beurre, 2 échalotes hachées. Ajouter l'ail des bois ciselé, l'orpin pourpre, les feuilles de plantain, l'herbe de Sainte-Barbe et laisser cuire jusqu'à complète évaporation du liquide. Bien presser l'ensemble dans une passoire, hacher très finement, assaisonner et réserver.

Sauce

Faire revenir doucement, au beurre, deux échalotes. Verser le vin blanc et réduire aux 9/10 du volume. Ajouter le maïs en grains, le fumet de poisson et laisser bien cuire. Passer au mélangeur, puis au chinois en étamine. Finir la sauce au beurre. Réserver.

Champignons

Faire suer, au beurre, les oignons hachés. Ajouter les champignons, les morilles en dernier lieu. Laisser mijoter doucement. Assaisonner et réserver.

Présentation

À la poêle, cuire au beurre les filets de corégone, côté peau d'abord.

Au fond de l'assiette, mettre la sauce, puis les filets de poisson. Garnir avec les champignons et la purée d'herbes sauvages.

Suprêmes de cabillaud demi-sel aux haricots blancs

Gabriel Biscay
Lapérouse
51, quai des Grands-Augustins
Paris, France

Pour 8 personnes

2,5 kg (env. 5 lb) de cabillaud
150 g (5 oz) de gros sel
2,5 kg (env. 5 lb) de haricots frais à écosser ou 300 g (10 oz) de haricots secs
2 carottes
1 bouquet de persil plat
200 ml (7 oz) d'huile de tournesol ou 200 g (7 oz) de beurre
1 gros oignon
1 tête d'ail
600 g (1 ¼ lb) de tomates
poivre
1 gros poivron
1 botte de ciboulette

La veille, placer les filets dans le gros sel, couvrir d'une feuille d'aluminium et laisser au réfrigérateur pendant 24 h.

Écosser les haricots, les couvrir d'eau froide et porter à ébullition. Écumer, ajouter les carottes en rondelles et le persil, et cuire à feu doux pendant 45 minutes.

À l'huile ou au beurre, faire revenir l'oignon et trois gousses d'ail, hachés; ajouter les tomates épluchées et hachées; laisser cuire 20 minutes environ; ajouter les haricots avec un peu d'eau de cuisson et laisser mijoter pendant 15 minutes environ. Réserver.

Laver les filets de poisson à l'eau froide, les égoutter sur un torchon et tailler trois escalopes dans chaque filet; faire des incisions sur la peau pour dessiner un carrelage. Assaisonner avec le poivre et cuire à l'huile de tournesol dans une poêle antiadhésive en faisant colorer le côté peau d'abord, environ 8 minutes.

Tailler 12 gousses d'ail en forme d'olives et le poivron en petits dés; les faire revenir séparément dans l'huile.

Présentation

Placer le poisson au milieu de l'assiette; le parsemer d'ail et de poivron; entourer de haricots et garnir de ciboulette hachée.

Truite à la nage de coquillages

RAYMOND BLANC
Le Manoir aux Quat'Saisons
Church Road
Great Milton, Oxford, Angleterre

Pour 4 personnes

COURT-BOUILLON (NAGE)

1 oignon en tranches fines
1 carotte en rondelles fines
6 feuilles d'ail des bois
150 ml (2/3 tasse) de fumet de poisson
150 ml (2/3 tasse) de vin blanc
1 feuille de laurier
sel et poivre
4 pétoncles
8 moules
8 petites huîtres
4 filets de truite de lac

SAUCE

3 jaunes d'œufs
250 g (env. 1/2 lb) de beurre non salé, fondu

60 ml (1/4 tasse) de jus de sorbier des oiseleurs

Préparer un court-bouillon (ou nage) avec les rondelles d'oignon et de carotte, les feuilles d'ail des bois, le fumet de poisson, le vin blanc et la feuille de laurier. Cuire une dizaine de minutes et rectifier l'assaisonnement.

À cru, retirer les coquillages de leurs coquilles. Les pocher vivement (20 secondes) dans la nage. Les retirer. Puis pocher les filets de truite quelques minutes. Réserver coquillages et poisson, au chaud.

Préparer la sauce en passant la nage au chinois; la réduire de 9/10 du volume. Ajouter 150 ml (1/3 tasse) de cette nage aux jaunes d'œufs, émulsionner, incorporer le beurre fondu et réserver.

PRÉSENTATION

Mettre la sauce dans l'assiette, y disposer la truite et les coquillages, puis décorer avec le jus de sorbier des oiseleurs.

UNE BONNE PÊCHE...
André Michel
Dessin à la sanguine
46 x 31 cm

Volaille de Bresse halloween

PAUL BOCUSE
Paul Bocuse
Place d'Illhaeusern
Collonges-au-Mont-d'Or, France

Pour 4 personnes

1 courge de 4 à 5 kg (9 à 11 lb)
200 g (7 oz) de riz
50 g (env. 2 oz) de riz sauvage
100 g (env. 3 oz) de maïs en grains
200 g (7 oz) de champignons de Paris
100 g (env. 3 oz) de bacon
100 g (env. 3 oz) de crème à 35 %
200 g (7 oz) de beurre
50 g (env. 2 oz) de raisins de Corinthe
50 g (env. 2 oz) de pignons
gros sel
1 volaille de 1,8 kg (4 lb)
muscade, sel et poivre

Ouvrir la courge pour en faire une soupière, en retirer les filaments et les graines.

Mettre au fond le riz, le riz sauvage préalablement trempé dans l'eau tiède, le maïs, les champignons et le bacon coupé en lardons et sautés à la poêle. Ajouter la crème, le beurre, les raisins et les pignons.

Mettre du gros sel à l'intérieur de la volaille, placer la volaille dans la courge, mettre le chapeau et cuire au four à 175 °C (env. 350 °F) pendant 2 h 30.

Si l'on n'a pas de four, placer la courge entre quatre grosses pierres, recouvrir de mousse des bois et, sur le tout, mettre de la terre glaise. Allumer un feu de bois au-dessus et cuire pendant 3 h.

À la fin de la cuisson, retirer la volaille, bien mélanger le riz, le maïs, le beurre, la crème et la courge qui doivent former une purée. Ajouter la muscade, le sel et le poivre.

Filet de canard sauvage, mariné aux bleuets, cuit sur roches

ALAIN BOUDET-FENOUILLET
L'Abri
1-Bun ji, I. ka Chongro, Kyobo Boulevard
Chongro-ku, Séoul, Corée

Pour 4 personnes

4 filets de colvert, de 120 à 150 g (4 à 5 oz)
320 g (env. ¾ lb) de bleuets frais, en jus
2 citrons
160 g (5½ oz) de sucre brun
200 g (7 oz) de purée de maïs
40 g (env. 1½ oz) de noisettes (décoration)
40 g (env. 1½ oz) de bleuets (décoration)

Faire mariner les filets de canard avec le jus de bleuets, le jus des citrons et le sucre brun, pendant 48 h.

Sortir les filets de la marinade, les égoutter et les sécher soigneusement.

Faire chauffer fortement de grosses roches au four ou dans un feu ouvert, et y cuire les filets de canard à la goutte de sang.

PRÉSENTATION

Trancher les filets et servir avec la purée de maïs, les noisettes et les bleuets.

DÉCOUPAGE DU GIBIER
André Michel
Dessin à la sanguine
46 x 31 cm

Terrine de poissons fumés

Jean-Pierre Bruneau
73, avenue Broustin
Bruxelles, Belgique

Pour 15 à 20 personnes

½ litre (2 tasses) de fumet de poisson
20 g (¾ oz) de feuilles de gélatine
sel et poivre
2 anguilles fumées d'environ 1 kg (2 lb) chacune
1 kg (env. 2 lb) de saumon fumé tranché dans la longueur
75 g (2½ oz) d'œufs d'esturgeon (caviar)

Porter le fumet de poisson à ébullition et incorporer la gélatine préalablement ramollie dans l'eau froide, saler et poivrer. Laisser refroidir à température ambiante.

Enlever la peau et les arêtes des anguilles. Couper chaque filet en deux, dans le sens de la longueur, pour obtenir 8 morceaux que l'on coupe ensuite à la longueur de la terrine. Couper les tranches de saumon fumé à la longueur et à la largeur de la terrine.

Verser un peu de gelée dans le fond de la terrine pour éviter que le poisson ne colle lors du démoulage. Lorsque la gelée est prise, disposer le saumon comme si on bardait la terrine en ayant soin de laisser assez de longueur pour recouvrir la terrine, une fois montée.

Ajouter le caviar dans la gelée. Si elle devait trop épaissir, la mettre dans un bain-marie au-dessus de l'eau chaude.

Verser un peu de gelée dans la terrine et laisser prendre. Placer côte à côte 4 morceaux d'anguille, recouvrir de gelée et laisser prendre. Couvrir de tranches de saumon fumé, recouvrir de gelée et laisser prendre. Répéter l'opération jusqu'à l'épuisement des ingrédients.

À la dernière rangée, rabattre la longueur de saumon qui reste sur le dessus et réfrigérer pendant 12 h.

Démouler la terrine en la trempant dans de l'eau tiède et la renverser sur une planche adéquate. Découper (de préférence avec un couteau électrique), dresser et garnir chaque assiette au goût.

Canard sauvage aux petites baies et crêpes au maïs

JEAN-MICHEL CHARTAL
Ousteau de Baumanière
Les Baux-de-Provence,
France

Pour 2 personnes

1 canard sauvage d'environ 1,5 kg (env. 3 lb)
sel et poivre

SAUCE

200 g (7 oz) de framboises
50 g (env. 2 oz) de miel
100 g (env. 3 oz) de mûres
100 g (env. 3 oz) de groseilles

PÂTE À CRÊPE

4 œufs
2 jaunes d'œufs
200 g (7 oz) de farine
½ litre (2 tasses) de lait
60 g (2 oz) de saindoux
1 épi de maïs

Vider et brider le canard. Saler et poivrer. Le rôtir au feu de bois à la broche, pendant 40 minutes environ.

Écraser la moitié des framboises dans 200 g (7 oz) d'eau avec le miel. Faire chauffer et passer au tamis. Ajouter le reste des fruits et chauffer légèrement.

Faire une pâte à crêpe traditionnelle en mélangeant les œufs, la farine, le lait et le saindoux. Cuire l'épi de maïs dans l'eau et détacher les grains. Cuire ensuite les crêpes et, à mi-cuisson, ajouter les grains de maïs de façon à obtenir de petites galettes.

PRÉSENTATION

Servir le canard avec la sauce aux fruits et les crêpes au maïs.

LE «PLUMAGE» DU CANARD
André Michel
Dessin à la sanguine
46 x 31 cm

Saumon sous la cendre au gras de volaille

ANDRÉ DAGUIN
Place de la Libération
Auch
France

Pour 6 personnes

1 saumon de 2,5 kg (env. 5 lb), avec la tête
1 carotte
1 oignon
1 blanc de poireau
1 gousse d'ail
45 ml (3 c. à soupe) de gras de volaille
sel et poivre

Gratter le saumon et le vider sans trop l'ouvrir.

Éplucher tous les légumes, les passer au mélangeur avec le gras de volaille et assaisonner. Farcir le poisson avec cette préparation.

Graisser une feuille d'aluminium, y coucher le poisson et l'assaisonner. Fermer hermétiquement et faire cuire dans un four préchauffé ou dans la cendre d'un bon feu à 110 °C (230 °F) pendant 2 h.

PRÉSENTATION

Ouvrir et servir!

LE SAUMON FUMÉ
André Michel
Dessin à la sanguine
46 x 31 cm

Médaillons de bison au vin rouge

JOSEPH DELPHIN
La Châtaigneraie
156, route de Carquefou
Sucé-sur-Erdre (Nantes), France

Pour 8 personnes

1 citrouille
3 oignons
60 g (4 c. à soupe) de beurre doux
150 ml (5 oz) de vinaigre de vin
200 ml (7 oz) de vin rouge
poivre concassé
7 ml (½ c. à soupe) de concentré de tomates
2 branches de thym
sel
1 pincée de sucre
800 g (1¾ lb) de bison, taillé en 24 médaillons
24 grains de raisins blancs, pelés et épépinés
80 g (env. 3 oz) de groseilles

Cuire la chair de la citrouille à la vapeur; la passer au tamis fin et la laisser s'égoutter.

Faire fondre les oignons hachés avec un peu de beurre, sans les colorer; déglacer avec le vinaigre et laisser réduire à sec. Ajouter le vin rouge, 5 g (½ c. à thé) de poivre concassé, le concentré de tomates et le thym. Saler légèrement et laisser mijoter une vingtaine de minutes, de manière à obtenir 90 ml (3 oz) de sauce; retirer le thym et incorporer du beurre, petit à petit, avec un fouet. Rectifier l'assaisonnement et mettre de côté.

Faire chauffer la purée de citrouille en incorporant un peu de beurre, du sel et une pincée de sucre.

Poêler les médaillons de bison en les saisissant bien et les laisser reposer 5 minutes.

PRÉSENTATION

Sur des assiettes chaudes, dresser la purée de citrouille en éventail, placer trois médaillons, napper de sauce et décorer avec les raisins et les groseilles, et, au goût, ajouter des cœurs de quenouille et des mini-épis de maïs.

Truite saumonée au jus de viande

PIERRICK GUILLOU
La Table des Guillou
19, rue de la Résistance
Schouweller, Grand Duché du Luxembourg

Pour 4 personnes

4 endives
60 ml (2 oz) d'huile de tournesol
200 g (7 oz) de champignons sauvages
200 g (7 oz) de beurre
4 filets de truite de 180 g (env. 6 oz) chacun
sel et poivre
200 ml (7 oz) de jus de viande récupéré lors de la préparation d'un rôti

Couper les endives en julienne. Les faire sauter à l'huile et réserver. Nettoyer les champignons sauvages, les faire tomber dans 50 g (env. 3 c. à soupe) de beurre et réserver.

Faire cuire les filets de truite au beurre (la cuisson doit être rosée). Assaisonner.

Monter le jus de rôti avec 50 g (env. 3 c. à soupe) de beurre.

PRÉSENTATION

Napper le fond de l'assiette avec le jus de rôti, y poser le filet de truite et l'entourer des endives et des champignons.

POISSON À LA POÊLE
André Michel
Dessin à la sanguine
46 x 31 cm

Noisettes de caribou aux baies sauvages, gnocchis au maïs

ÉMILE JUNG
Le Crocodile
10, rue de l'Outre
Strasbourg, France

Pour 6 personnes

500 ml (2 tasses) de lait
120 g (4 oz) de semoule de maïs
1 jaune d'œuf
10 g (2 c. à thé) de beurre

1 kg (env. 2 lb) de parures de caribou
2 gousses d'ail
4 échalotes hachées
1 carotte en dés
1 bouteille de vin rouge (Côtes du Rhône)
120 g (4 oz) de mûres
120 g (4 oz) de myrtilles (bleuets)
120 g (4 oz) d'airelles (canneberges)
sel et poivre
2 pincées de sucre

300 ml (env. 1 ¼ tasse) de crème à 35 %
200 g (7 oz) de marrons épluchés
200 g (7 oz) de céleri-rave, en dés

6 noisettes de caribou de 150 g (5 oz) chacune (dans le filet)
huile

GNOCCHIS

Porter le lait à ébullition, verser la semoule en pluie, remuer et laisser épaissir. Incorporer le jaune d'œuf et le beurre. Verser sur une plaque et laisser refroidir. Découper à l'emporte-pièce ovale.

JUS DE GIBIER

Colorer les parures de caribou, ajouter l'ail, les échalotes et la carotte. Mouiller avec le vin et laisser réduire jusqu'au tiers. Passer, ajouter les baies sauvages. Porter à ébullition et retirer du feu aussitôt. Saler, poivrer et ajouter 2 pincées de sucre.

GARNITURE

Cuire ensemble, dans la crème, les marrons et les dés de céleri-rave, pendant 5 minutes.

PRÉSENTATION

Bien dorer les noisettes de caribou en les faisant sauter à l'huile. Dresser sur des assiettes chaudes en garnissant avec les gnocchis, les marrons et le céleri-rave.

Poitrine de canard sauvage aux deux moutardes

KIYOMI MIKUNI
Mikuni
1-18 Wakaba Shinjuku-ku
Tokyo, Japon

Pour 4 personnes

4 échalotes sèches, hachées
70 g (env. 2½ oz) de beurre non salé
100 ml (env. 3½ oz) de vin blanc sec
2 foies de canard
100 g (env. 3 oz) de polenta
70 g (env. 2½ oz) de moutarde de Dijon
20 g (¾ oz) de graines de moutarde ou de moutarde de Meaux
200 ml (7 oz) de fond brun de canard
120 ml (4 oz) de crème à 35 %
sel et poivre
100 ml (3½ oz) d'huile de maïs
4 poitrines de colvert

Faire revenir les échalotes hachées doucement, au beurre. Mouiller avec le vin blanc et réduire aux 9/10 du volume. Diviser cette préparation en deux parties égales.

Hacher fin les foies de canard, les faire sauter vivement et leur ajouter une partie des échalotes. Incorporer cette préparation à la polenta.

À l'autre moitié des échalotes, ajouter la moutarde, puis le fond de canard et cuire 30 minutes. Monter cette sauce au beurre, puis incorporer la crème. Rectifier l'assaisonnement.

Avec le beurre et l'huile, cuire les poitrines de canard à la goutte de sang.

PRÉSENTATION

Napper l'assiette de la sauce et ajouter les graines de moutarde. Déposer par-dessus les poitrines de canard coupées en aiguillettes.

UNE POITRINE DE CANARD...
André Michel
Dessin à la sanguine
46 x 31 cm

Cassolette de coques et de moules au cerfeuil

Roland Pierroz
Hôtel Rosalp
Route de Medran
Verbier, Suisse

Pour 6 personnes

1 kg (env. 2 lb) de moules
1 kg (env. 2 lb) de coques
2 échalotes
400 ml (14 oz) de vin blanc
100 g (env. 3 oz) de beurre
100 g (env. 3 oz) de cerfeuil
15 ml (1 c. à soupe) de crème
150 g (5 oz) d'épinards
en branches, cuits
sel et poivre du moulin
2 petites tomates

Laver et brosser les coquillages sous l'eau courante. Faire ouvrir, séparément, les moules et les coques. Pour chaque type de coquillages, mettre dans une casserole une échalote hachée, les coquillages en question et 200 ml (7 oz) de vin blanc. Couvrir et cuire à grand feu, en secouant la casserole jusqu'à ce que les coquillages soient ouverts. Passer le liquide de cuisson et le réserver. Sortir les mollusques de leurs coquilles et les mettre en attente dans leur liquide de cuisson.

Préparer un beurre de cerfeuil en passant le beurre et le cerfeuil au mélangeur, puis au tamis fin; mettre en attente au réfrigérateur.

Porter à ébullition le liquide de cuisson des coquillages; ajouter la crème, puis lier avec le beurre de cerfeuil. Y mettre les coquillages et réserver au chaud.

Faire réchauffer les épinards en branches et assaisonner.

Présentation

Garnir une assiette creuse ou une cassolette avec les épinards, puis y déposer les moules et les coques en sauce. Parsemer de dés de tomate.

Goujonnettes de touladi aux deux céleris

ANTONIO SANTINI
Dal Pescatore
Loc Runate 17, Canneto S/O
Mantoue, Italie

Pour 4 personnes

200 g (7 oz) de céleri-rave
4 branches de céleri
70 ml (env. 1/3 tasse) de fumet de poisson
70 g (2 1/2 oz) de foies de touladi
60 ml (1/4 tasse) de crème double (crème à 35 %)
70 g (env. 2 1/2 oz) de beurre non salé
250 ml (1 tasse) de lait
2 œufs battus
farine
150 ml (2/3 tasse) d'huile de tournesol
sel et poivre
600 g (env. 1 1/4 lb) de filets de touladi, taillés en goujonnettes

Couper le céleri-rave en petits dés et le céleri vert en bâtonnets, puis les faire cuire à l'eau salée. Dans le fumet de poisson bouillant, cuire les foies de touladi et quelques feuilles de céleri pendant 10 minutes. Passer au malaxeur à grande vitesse, lier avec la crème, passer au chinois en étamine, monter au beurre et réserver.

Ajouter le lait aux œufs battus. Fariner les morceaux de céleri et les passer dans la préparation au lait. Cuire à la poêle, avec le beurre et l'huile. Saler, poivrer et réserver.

Faire cuire les goujonnettes de la même façon.

PRÉSENTATION

Dresser les céleris et le touladi dans l'assiette. Présenter la sauce en saucière.

UN DERNIER MORCEAU!
André Michel
Dessin à la sanguine
46 x 31 cm

Médaillons de castor sauce catherinette, purée de topinambours

JEAN SCHILLINGER
Schillinger
16, rue Stanislas
Colmar, France

Pour 2 personnes

250 g (env. ½ lb) de filet de castor
huile de maïs
300 g (10 oz) de topinambours
250 g (env. ½ lb) de beurre
200 g (7 oz) de pommes de terre
50 ml (env. 2 oz) de crème à 35 %
sel et poivre
1 pomme Golden
un peu de sucre
100 g (env. 3 oz) d'atocas
100 g (env. 3 oz) de champignons sauvages

MIREPOIX

1 carotte
1 oignon
thym
ciboulette
1 feuille de laurier
10 ml (2 c. à thé) de vinaigre
300 ml (env. 1¼ tasse) de vin rouge
300 ml (env. 1¼ tasse) de fond brun de gibier
50 g (env. 2 oz) de confiture de catherinettes
sel et poivre

Préparer les médaillons de castor. Réserver.

SAUCE

Colorer les parures de castor, au four, avec l'huile de maïs. Ajouter une mirepoix préparée avec la carotte, l'oignon, le thym, la ciboulette et la feuille de laurier. Verser le vinaigre et le vin rouge. Faire réduire, puis additionner le fond de gibier. Cuire pendant 30 minutes. Passer au chinois. Terminer la sauce en ajoutant la confiture de catherinettes. Rectifier l'assaisonnement.

Peler les topinambours, les émincer et les cuire doucement, au beurre. Passer au tamis et travailler sur le feu avec 50 g (env. 3 c. à soupe) de beurre. Parallèlement, cuire les pommes de terre et faire une purée.

Assembler les deux purées en liant avec la crème; rectifier l'assaisonnement et réserver.

Couper à l'emporte-pièce 4 tranches de pomme Golden et les faire caraméliser légèrement au beurre avec un peu de sucre.

Cuire les atocas au beurre, puis faire sauter les champignons au beurre. Saler et poivrer les médaillons de castor et les cuire à la poêle.

PRÉSENTATION

Faire des quenelles avec la purée, garnir les rondelles de pommes avec les atocas, puis verser la sauce et dresser les médaillons par-dessus.

Truite saumonée aux poireaux sauvages

André Soltner
Lutèce
249 East, 50th Street
New York, États-Unis

Pour 4 personnes

1 carotte
2 poireaux sauvages (si possible)
2 branches de céleri
30 ml (2 c. à soupe) de beurre
1 truite saumonée de 1,5 kg
(env. 3 lb)
sel et poivre
15 ml (1 c. à soupe) d'huile
15 ml (1 c. à soupe) de beurre
125 ml (½ tasse) de vin blanc sec
375 ml (1½ tasse) de crème à 35 %

Laver, éplucher les légumes et les couper en julienne. Dans une sauteuse, faire fondre le beurre, ajouter les légumes, couvrir et laisser cuire doucement, de 10 à 12 minutes, en remuant de temps en temps (la julienne ne doit pas colorer). Réserver au chaud.

Nettoyer la truite; assaisonner intérieur et extérieur. Huiler le poisson. Sur un barbecue, de préférence, le griller des deux côtés assez fortement (ce qui donnera un goût particulier à la sauce).

Beurrer un plat allant au four, de la taille de la truite. Y déposer le poisson, ajouter le vin blanc et la crème, du sel et du poivre. Couvrir d'un papier parchemin beurré. Cuire dans un four à 230 °C (450 °F), pendant 25 minutes environ.

Présentation

Délicatement, transférer la truite sur un plat chaud. L'entourer de julienne et tenir au chaud. Faire réduire le jus de cuisson, le passer au chinois et le verser à côté du poisson.

Saumon grillé sur galets, sauce purée à la courge, au maïs et aux groseilles

PIERRE TROISGROS
Troisgros
Place Jean Troisgros
Roanne, France

Pour 4 personnes

600 g (env. 1 ¼ lb) de filet de saumon pris au cœur du poisson
sel
15 ml (1 c. à soupe) de sirop d'érable
1 citron
350 g (env. 12 oz) de courge
1 yogourt nature
1 épi de maïs
huile de tournesol
40 g (env. 1 ½ oz) de groseilles

Lever les filets du saumon, enlever la peau et la conserver. Les détailler en 8 tranches égales et les accoler, deux par deux, tête-bêche, pour former des ovales réguliers. Assaisonner de sel et laisser mariner pendant 1 h, dans un mélange de sirop d'érable et de jus de citron.

Découper la peau en longues lanières de 2 cm (¾ po) de large. Enrouler chaque pièce de trois bandes, de façon à l'envelopper, et en laissant un espace identique entre chacune.

Cuire la courge à l'eau salée pendant une quinzaine de minutes, égoutter et passer au tamis, puis ajouter du yogourt (éventuellement de l'eau de cuisson) pour obtenir une purée légèrement fluide.

Préparer une bonne braise de charbon de bois. Y enterrer quatre galets assez plats et l'épi de maïs enveloppé dans une feuille d'aluminium.

Huiler légèrement le saumon et le déposer sur les galets très chauds. Compter 5 minutes de cuisson de chaque côté.

Égrener le maïs et l'ajouter à la purée de courge. Au dernier moment, mettre les groseilles et déguster avec le saumon à la peau très croustillante.

Soupe de citrouille au maïs

GÉRARD VIÉ
Les Trois Marches
1, boulevard de la Reine
Versailles, France

Pour 6 personnes

1 citrouille de 2 kg (env. 4½ lb)
2 litres (8 tasses) de bouillon de poulet
1 oignon
1 gousse d'ail
sel et poivre
1 litre (4 tasses) de lait
35 ml (env. 2 c. à soupe) d'huile de citrouille
250 g (9 oz) de maïs en grains

Enlever le dessus de la citrouille pour en faire un couvercle. La vider à l'aide d'une cuillère en laissant, tout autour, une petite paroi de chair, pour qu'elle se tienne bien. La mettre de côté dans un endroit tiède.

Enlever les filaments, mais conserver les graines de la citrouille. Découper la chair en cubes. La cuire avec le bouillon, l'oignon, l'ail, le sel et le poivre, pendant 30 minutes à petit feu. Passer au moulin à légumes.

Remettre le potage dans la casserole, ajouter le lait chaud, 10 ml (2 c. à thé) d'huile de citrouille et émulsionner 2 minutes au fouet électrique.

Griller les graines de citrouille et faire sauter les grains de maïs avec le reste de l'huile. Saler et poivrer.

PRÉSENTATION

Verser le potage dans la citrouille. Ajouter les graines de citrouille et les grains de maïs. Servir très chaud. Pour des présentations individuelles, utiliser de petites courges et des mini-épis de maïs.

Le portage du bois, Betsiamites

André Michel

Huile sur toile, 1980

76 x 61 cm

VIII

QUELQUES PLANTES SAUVAGES AU MENU

PAR JEAN-CLAUDE VIGOR, *Professeur au département d'horticulture*
Institut de technologie agroalimentaire, Saint-Hyacinthe

Un canot glisse sur l'eau tranquille des berges du fleuve Saint-Laurent. Tout à coup, un sourd coup de carabine retentit dans le silence de cette matinée brumeuse. Non, nos deux promeneurs ne sont pas là pour l'ouverture de la chasse à la sauvagine, et d'ailleurs ils ont bien failli être transformés en passoire comme ce vol de canards noirs.

Que font-ils alors dans ces hautes herbes des îles de Sorel? Ils sont affairés à la récolte de la zizanie. Bref, ils moissonnent. À genoux dans le fond du canot, les cueilleurs arquent les souples tiges des plantes aquatiques de façon à battre les épis au-dessus de l'embarcation. Seuls les grains mûrs se détachent et tombent dans le drap tendu au fond du canot. Fait important pour sa conservation, la zizanie étant une plante annuelle, les prévoyants cueilleurs retournent une partie des graines récoltées à l'eau.

Étrange que ce nom donné par Linné, *Zizania aquatica*, un nom latin dérivé du grec *Zizanion*, signifiant «mauvaise herbe». Surprenant en effet, car cette mauvaise herbe est le riz d'eau du Canada et, pour les Amérindiens qui vivaient surtout à l'ouest du lac Michigan, cette graminée composait une plus ou moins grande part de leur menu.

C'est pour cela que les Canadiens surnommaient ces herbes les «Folles-Avoines», synonyme utilisé aussi pour la zizanie.

Avez-vous déjà semé la zizanie? Probablement au sens figuré, mais si vous êtes un chasseur de canards, vous connaissez cet excellent appât, car ces migrateurs raffolent des graines flottant sur l'eau.

Le Canada s'étend sur des immensités et le paysage végétal se transforme totalement d'une zone climatique à une autre. Entre la forêt décidue au Sud, forêt de feuillus, à la toundra de la baie d'Ungava, vous allez apercevoir des conifères à l'infini. Du domaine montagnard côtier et des Rocheuses à la forêt boréale de Terre-Neuve en passant par la grande région des Plaines, vous verrez des graminées à perte de vue, les régions du Sud constituant bien évidemment les espaces les plus riches en espèces végétales comestibles. Mais, si vous déambulez entre le domaine du savoureux petit bleuet[1] du lac Saint-Jean, petit fruit juteux, bleu presque indigo, que les Amérindiens ajoutaient aux viandes séchées pour en relever la saveur, et celui de l'herbe des caribous[2] dont les voyageurs du Nord faisaient une décoction à boire, à défaut de nourriture, vous découvrirez une grande variété d'espèces végétales qui saura diversifier votre alimentation. Il est agréable de savoir que les plantes dites «sauvages» présentent une valeur alimentaire indéniable et parfois bien supérieure aux plantes cultivées.

PETIT CALENDRIER DES RÉCOLTES

AVRIL À MAI

Le pissenlit

Taraxacum officinale

À tout seigneur, tout honneur, voilà l'une des plantes comestibles et officinales les plus connues et les plus utilisées. Il serait impossible de citer toutes ses propriétés thérapeutiques. Tous connaissent le fameux pissenlit et les jardiniers du dimanche qui le voient apparaître régulièrement sur leur pelouse le méprisent totalement.

À la fin d'avril et au début de mai, on récolte les racines pour en faire un succédané de café, et les capitules (fleurs jaunes), bien épanouis, en prenant soin de retirer les sépales (parties vertes), pour faire le vin. Étrangement, ce vin de pissenlit, à saveur légèrement amère, a des qualités apéritives[3].

Pour les salades de pissenlit aux petits lardons chauds, laisser blanchir au préalable les feuilles en recouvrant la plante d'un contenant opaque ou en les buttant avec de la terre légère, puis déterrer la plante. Couper les feuilles avant la floraison, elles seront moins amères et moins coriaces.

Pour bénéficier de l'action tonifiante de ces plantes, cueillir les tiges fleuries, enlever les fleurs et mâcher lentement la tige crue.

Note: *Le pissenlit est arrivé au Canada vers le* XVII*e ou* XVIII*e siècle, probablement dans la besace d'un religieux. Certains prétendent que les téméraires Vikings auraient introduit ce que les Anglais appellent le «dendelion» (forme des feuilles) comme «spring tonic».*

La carotte sauvage

Daucus carota

D'avril à mai, il faut s'occuper de la récolte des racines. Elles se mangent crues et râpées. De couleur blanche, elles diffèrent ainsi des variétés cultivées. Comme la carotte est une plante bisannuelle, il est préférable de récolter les racines de première année qui sont tendres. La deuxième année, la plante fleurit. Ces fleurs, regroupées en ombelles, font d'intéressants bouquets. D'ailleurs, elles sont souvent commercialisées sous le nom anglais «Queen Ann's-Lace».

Il est très important de noter qu'il ne faut pas confondre les racines de la carotte sauvage avec celles d'autres plantes de la famille des ombellifères qui ont la propriété d'être très toxiques, comme la ciguë. Si vous ne savez pas les identifier correctement, abstenez-vous de les cueillir.

Note: *La carotte sauvage, plante adventice, est originaire d'*Eurasie. *Elle est d'introduction récente, puisque la première récolte date, au Québec, de* 1873. *Cette plante préfère les sols légèrement alcalins* (*p*H 7 *à* 7,8). *Les feuilles, lorsqu'elles sont humides, peuvent irriter la peau de certaines personnes.*

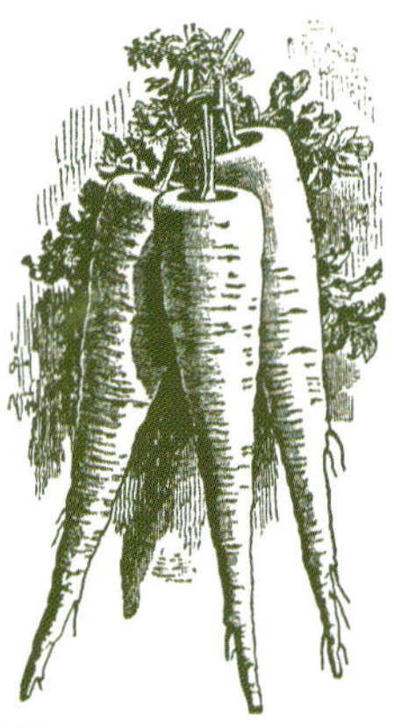

Le panais sauvage

Pastinaca sativa

À l'instar de la carotte, le panais sauvage est de la même espèce que le panais cultivé. On l'utilise donc de la même façon. Mais attention! Jeune, il ressemble à la *Cicutaire maculée* (ciguë aquatique: voir note).

Les Amérindiens mohawks utilisaient le panais sauvage pour confectionner des philtres d'amour. Hélas! je n'en ai pas la recette.

Note: *Il semble que des Amérindiens utilisaient la Cicutaire maculée pour mettre fin à leurs jours — le grand voyage sans retour. C'est probablement la plante la plus toxique de la partie tempérée de l'Amérique du Nord, à part quelques champignons. L'ingestion d'aussi peu que quelques grammes de racine suffit pour tuer un adulte. La cicutine s'apparente à la strychnine et est présente dans toute la plante.*

La *chicorée sauvage*

Cichorium intybus

On doit récolter les racines et les jeunes feuilles vers la fin de mai. La chicorée sauvage possède des ressemblances avec le pissenlit, ses feuilles étant un peu plus âcres et amères. Laisser blanchir les jeunes feuilles en recouvrant la plante d'un contenant qui la privera de lumière, donc de chlorophylle. Les racines séchées et torréfiées sont parfois encore utilisées en mélange avec le café moulu.

La *bardane*

Arctium minus

On récolte les racines de la petite bardane afin de l'utiliser comme légume cuit ou, comme pour la chicorée, pour changer le goût du café. La bardane est une plante bisannuelle: elle boucle son cycle après un développement de deux ans, comme la carotte. On récolte des tiges de la deuxième année, avant la floraison. La plante est fréquemment appelée «rhubarbe du diable», à cause de la disposition de ses feuilles qui fait qu'elle ressemble un peu à la rhubarbe.

Une fois épluchées, les jeunes pousses ainsi que la tige récoltée avant la floraison se mangent crues ou cuites.

En France, cette plante est surnommée «herbe aux teigneux».

L'*onagre bisannuelle*

Œnothera spp.[4]

Tôt au printemps, on récolte les jeunes feuilles qui peuvent être mangées crues en salade ou cuites, lorsque la coloration de la nervure principale devient rouge. Il est préférable de récolter les racines blanches avec le collet rouge au printemps, pour la consommation crue, ou à l'automne, comme légume cuit.

Note: *La racine est utilisée comme laxatif parce qu'elle contient beaucoup de mucilage, substance végétale ayant la propriété de gonfler dans l'eau.*

Le *tussilage*

Tussilago farfara

On procède à la récolte des fleurs au printemps. On utilise celles-ci pour faire un vin de fleurs, comme avec le pissenlit.

Il y a au moins deux plantes, selon M. Valnet[5], qui remplacent le sel: le *Tussilage farfara* et la salicorne d'Europe. Les cendres de tussilage contiennent, entre autres, selon lui: 28 % de potassium, 26 % de soufre, 21 % de calcium, 9 % de magnésium, 8 % d'acide silicique, 4 % de phosphore, 2 % de sodium et 1 % de fer. Durant toute la saison, faire sécher les feuilles, les brûler et les réduire en cendres pour obtenir un succédané de sel.

L'*herbe de* Sainte-Barbe

Barbarea vulgaris

Très tôt au printemps, avant l'apparition de la tige, on peut manger la plante en salade lorsqu'elle est encore au stade de rosette. Toutefois, comme elle est souvent amère, il est préférable de la manger cuite comme les épinards.

Plus tard dans la saison, on récolte les jeunes feuilles et les fleurs qui ont le goût du cresson. Il est conseillé de cuire la plante, la tige, les feuilles et les boutons floraux dans deux eaux successives afin d'éliminer la saveur âcre de la plante. On l'utilise alors comme le brocoli.

Tête de violon — La fougère de l'autruche ou à l'autruche

Matteuccia struthiopteris

Très tôt après la fonte des neiges, il est facile de trouver sur les marchés de Montréal et de la plaine du Saint-Laurent ces fameuses têtes de violon qui constituent un vrai régal printanier. Voilà une des plantes les plus intéressantes pour la culture industrielle: des producteurs des provinces maritimes la commercialisent congelée.

Attention de ne pas la confondre avec les crosses de l'onoclée sensible, du dryoptéride marginal, de la fougère de l'aigle, de l'osmonde royale et de l'osmonde cannelle, toutes ces fougères étant plus ou moins comestibles et pouvant causer des troubles digestifs.

Note: *Afin d'éviter que la plante ne disparaisse pour toujours, il ne faut cueillir que trois à quatre crosses au maximum par plante, les crosses qui restent permettant la survie de l'espèce. Idéalement, le cueilleur devrait identifier les zones cueillies avec des rubans de couleur afin d'indiquer au glaneur suivant que cette talle a déjà été dépouillée du délectable butin.*

L'orpin pourpre

Sedum purpureum

On récolte les jeunes pousses dont les feuilles sont croustillantes comme celles du chou. Vers le mois de juin, on prélève seulement les feuilles, car les tiges deviennent amères. Ces feuilles, riches en vitamine C, se consomment crues ou cuites.

Après blanchiment, on peut les entreposer au congélateur. Mais bien emballée, la plante se conserve au réfrigérateur plusieurs jours sans perdre sa fraîcheur.

Importée d'Eurasie comme plante ornementale, il y a belle lurette que la «grassette» ou «herbe à la coupure» (surnoms) a pris la poudre d'escampette sur les rives du Saint-Laurent.

Note: *Son autre surnom «vit-toujours» lui vient du fait que, même arraché du jardin et séché par le soleil, il suffit à l'orpin pourpre d'un peu d'eau et de terre, et hop! le voilà de nouveau sauvé.*

Les *conifères*

Nous utilisons de jeunes pousses d'épinette pour faire de délectables pousses d'épinette confites et pourquoi pas, de la traditionnelle bière d'épinette.

Nous pouvons aussi utiliser les baies de genièvre (*Juniperus*) pour parfumer la viande.

La quenouille

Typha latifolia

Les Amérindiens employaient les rhizomes séchés et pulvérisés de la quenouille comme farine sucrée pour faire du pain et des poudings. On utilise le pollen de la quenouille comme farine, en Nouvelle-Zélande.

Que dire d'une roulade de jambon aux pousses de quenouille ou encore de pousses de quenouille sauce gribiche? Délicieux.

Une sauce gribiche se compose de 250 ml (1 tasse) d'huile, de 30 ml (2 c. à soupe) de jus de citron, de 30 ml (2 c. à soupe) de câpres hachées, de ciboulette, de sel et de poivre.

C'est vers la fin de juin que l'on récolte les épis mâles des quenouilles. Vers le début de juillet, nous pouvons procéder à la récolte du pollen.

La marguerite blanche

Chrysanthemum leucanthemum

Cette belle «mauvaise herbe» du «je t'aime un peu, beaucoup, passionnément, à la folie, pas du tout...» se ramasse lorsque les jeunes feuilles se forment en rosette. C'est une excellente salade, elle vous surprendra.

Un peu plus tard, lorsqu'elle sera en bouton, il sera temps de la récolter avant que les insectes s'intéressent à ce casse-croûte, car les boutons de marguerite se marinent étonnamment bien. Ils se mangent crus ou cuits.

Note: *Marguerite vient du latin Margarita qui veut dire perle. Cette plante aussi vient d'Eurasie, comme bien d'autres plantes, probablement arrivées avec les premiers colons américains. Elle a eu vite fait d'atteindre la région de Montréal où elle a envahi les prairies à foin au désespoir des cultivateurs, mais à notre plus grand bonheur... Qui n'a jamais cueilli un bouquet de marguerites? Mais comme, hélas! elles fanent vite, il faut en profiter pour les sécher et en prendre une infusion à raison de 2 ml (½ c. à thé) par 250 ml (1 tasse). Elle est diurétique et facilite la digestion.*

La petite oseille

Rumex acetosella

Certaines plantes indigènes donnent des boissons acidulées et agréables, que l'on peut qualifier de «limonades sauvages». Tel est le cas de la petite oseille et de l'oxalide dressée. Pour faire ces boissons, il faut tout simplement laisser infuser les feuilles et laisser refroidir, puis ajouter un peu de sucre et des cubes de glace.

Les jeunes feuilles ajoutent du piquant aux salades de pommes de terre.

Note: *Il est important de ne pas consommer en abondance les plantes comme la petite oseille, l'oxalide dressée et la patience crépue parce qu'elles contiennent beaucoup d'acide oxalique, produit toxique à forte dose.*

JUIN

L'oxalide dressée

Oxalis stricta

Les feuilles à trois folioles de cette plante font penser un peu au trèfle, mais elle a des fleurs jaunes à cinq pétales, comme la renoncule.

On récolte les feuilles que l'on mange crues ou cuites, comme celles de la petite oseille. Cette plante est intéressante également pour donner du piquant aux salades de pommes de terre. Comme dans le cas de la petite oseille, on fait bouillir l'eau et la quantité de feuilles désirée pendant 15 minutes environ, puis on laisse refroidir. Voilà une «limonade sauvage» unique.

Note: *Attention! Lire les recommandations sur la petite oseille, puisque cette plante contient, elle aussi, de l'acide oxalique, comme son nom l'indique. Consommer avec modération.*

La silène enflée

Silene cucubalus

Venue d'Eurasie, elle appartient à la famille des œillets. Au Québec, elle a cependant établi sa résidence secondaire en Gaspésie où elle abonde.

Tôt au printemps, avant que la plante fleurisse, on récolte l'extrémité des jeunes tiges d'environ 12 cm (5 po), afin de profiter du goût discret de la silène. Comme elle ne se conserve pas très longtemps, on peut la blanchir 1 à 2 minutes, puis la congeler.

Note: *On se souvient du précepteur de Bacchus, Silenus, ce dieu bedonnant. Comme la pauvre fleur présente un calice ventru, elle a hérité de son nom.*

La tanaisie vulgaire

Tanacetum vulgare

Louise Venne[6] propose d'utiliser les feuilles de la tanaisie vulgaire hachées finement pour remplacer le carvi. Sa recette est simple: 250 ml (1 tasse) de fromage à la crème de type Philadelphia et, au lieu de le mélanger à 15 ml (1 c. à soupe) de graines de carvi, prendre une poignée de tanaisie, puis laisser reposer quelques heures. Étendre la préparation sur des craquelins; voilà un canapé original.

Attention! La plante étant très aromatique, on doit l'utiliser avec parcimonie. En effet, considérée comme herbe aromatique, la tanaisie accentue la saveur de l'ingrédient principal. Comme pour le basilic, couper la tanaisie finement, l'étaler et la congeler sur une tôle; conserver ensuite dans de petits contenants à glaçons. La durée moyenne de conservation est de trois mois, mais si vous désirez conserver plus longtemps l'arôme de l'herbe, le séchage est préférable.

Note: En France, cette plante est parfois appelée herbe à puce, son odeur puissante chassant les puces qui font du tourisme sur les poules. Vous pouvez glisser de la tanaisie dans le matelas du chien et les puces émigreront.

Les moines de la «Bénédictine» utilisent la tanaisie, entre autres, dans la préparation de cette divine liqueur. Jadis, elle a aussi servi à enrober la viande pour assurer une meilleure conservation et pour éloigner les mouches.

Finalement, elle a trouvé chez moi droit de cité dans mon potager: ses propriétés hautement répulsives éloignent ou, du moins, refoulent les insectes indésirables… chez mes voisins.

Le senellier

Crataegus spp.

En France, on l'appelle aubépine. Senellier ou cenellier est un canadianisme dérivé du nom français du fruit qui s'appelle senelle ou cenelle.

En mai, une fois les fleurs récoltées, on peut fabriquer un vin qui possède des propriétés calmantes et tonifiantes pour le cœur.

Du début de septembre jusqu'aux gelées, on peut ramasser les senelles, fruits du senellier. Seuls ou mélangés avec les fruits du sureau blanc, il est possible d'utiliser ces fruits pour faire du vin. Ils servent également à fabriquer sirops ou gelées.

Lucette Durant[7] propose un sorbet au jus de plantes sauvages où vous pouvez utiliser un sirop de senelle. Vous avez besoin de 300 ml (env. 1¼ tasse) de sirop de senelle, de 100 ml (3½ oz) d'eau froide, de 15 à 30 ml (1 à 2 c. à soupe) de jus de citron, de 2 blancs d'œufs battus en neige, d'une pincée de sel, de sucre au goût et d'un sachet de gélatine sans saveur. Saupoudrer l'eau froide de gélatine. Chauffer le sirop, le sel, le citron et le sucre dans une casserole, ajouter la gélatine gonflée et la dissoudre dans le mélange. Refroidir à la température de la pièce et congeler pendant 1 à 2 h. Lorsque le jus est à demi congelé, battre le mélange jusqu'à l'obtention d'une consistance crémeuse. Ajouter les blancs battus en neige et remettre au congélateur.

Depuis plusieurs années, je procède sensiblement de la même façon pour réaliser mes sorbets aux fines herbes. Je prépare des sirops de thym et de menthe, et j'ai toujours un vif succès auprès de mes invités.

Le robinier ou l'acacia blanc

Robinia pseudo-acacia

Les fleurs se récoltent au mois de juin. On les utilise pour confectionner les beignets de robinier. Faire une pâte à beignets très légère, tremper les grappes de fleurs dans la pâte, puis les frire dans une huile de tournesol. Servir avec du sucre à glacer et arroser légèrement de liqueur comme du Grand Marnier. Délicieux.

L'asclépiade commune

Asclepias syriaca

En juin, on récolte les jeunes pousses et un peu plus tard, les boutons. Puis, en juillet, on cueille les fleurs et enfin, les fruits.

Dès le début de la croissance, on récolte les jeunes pousses d'asclépiade que l'on prépare comme des asperges. Afin d'extraire le principe amer de la plante, faire bouillir les parties utilisées 1 à 2 minutes et changer l'eau; recommencer. À ce stade, on peut les congeler.

Dans le livre *La cuisine des champs*, aux Éditions de l'Homme, Anne Gardon donne une recette de boutons d'asclépiade en vinaigrette; les boutons ont un goût qui se rapproche de celui du brocoli. L'idée de base de la recette est de préparer une salade de 4 à 6 pommes de terre et d'incorporer 750 ml (3 tasses) de boutons d'asclépiade cuits, puis de préparer une bonne vinaigrette.

Note: *Cette plante était bien connue des Amérindiens, puisque certaines tribus utilisaient les fibres de la tige pour faire du fil. C'est une plante aux multiples usages.*

Le thé du Labrador ou lédon du Groenland

Ledum groenlandicum

Ce petit arbuste de la famille des éricacées a élu domicile dans les tourbières. On récolte les jeunes feuilles pour les infuser. Ces infusions, additionnées de sucre et de jus de citron, refroidies et servies sur glace, sont délectables.

Liliane Reid[8] propose de la crème au thé du Labrador. Il vous faut 500 ml (2 tasses) d'eau bouillante, 500 ml (2 tasses) de feuilles séchées de thé du Labrador, 75 ml (5 c. à soupe) de sucre, 125 ml (½ tasse) de farine, 2 ml (½ c. à thé) de sel, 425 ml (env. 1¾ tasse) de lait chaud, 2 jaunes d'œufs battus, 45 ml (3 c. à soupe) de beurre, 2 blancs d'œufs et 50 ml (env. 3 c. à soupe) de sucre. Jeter les feuilles séchées et le sucre dans l'eau bouillante; laisser bouillir 10 minutes. Filtrer et refroidir. Ensuite, procéder au bain-marie comme pour une crème.

Note: *Cette décoction au thé du Labrador sert apparemment de stupéfiant léger; certaines tribus amérindiennes utilisaient les feuilles réduites en poudre contre le mal de tête.*

L'amarante à racine rouge

Amaranthus retroflexus

C'est l'une des premières plantes à s'installer à la suite d'un bouleversement de terrain, comme après la construction d'une maison. On la trouve souvent en compagnie des choux gras. Comment utiliser l'espèce à racine rouge? En récoltant les très jeunes pousses ou les extrémités qui se consomment crues ou cuites, à la manière du chou gras. Ces jeunes pousses ont un peu le goût des épinards et, comme eux, sont riches en fer. Les Amérindiens utilisaient les graines noires de la plante pour en faire une sorte de pain.

Le *galinsoga velu*

Galinsoga ciliata

Les jeunes pousses et les extrémités doivent être cuites dans l'eau salée. Comme l'amarante à racine rouge, le galinsoga est une des rares plantes tropicales originaires d'Amérique centrale et du Sud à s'être acclimatée à notre pays. Son introduction au Canada, assez récente, date de la fin du XIXe siècle.

Le *chou gras*

Chenopodium album

Le chou gras remporte la palme: c'est la plus abondante «mauvaise herbe» du jardin. L'espèce, originaire d'Europe, est considérée comme une des plantes les plus répandues sur la terre. Il appartient à la famille des chénopodiacées, à l'instar de la betterave et de l'épinard. Récolter les jeunes pousses et les extrémités.

Le chou gras, comme l'amarante à racine rouge et le laiteron, a la capacité de fixer et d'accumuler des nitrates dans les parties vertes, surtout lorsqu'il y a beaucoup d'azote dans le sol. Il est donc préférable, comme dans le cas des salades, d'en manger modérément.

Anne Gardon, dans son livre *La cuisine des champs*, propose entre autres des feuilletés, une lasagne, un flan et une quiche, tous ces plats utilisant le chou gras comme légume.

La vigne des rivages

Vitis riparia

Elle est probablement la seule espèce de vigne vraiment indigène dans l'est du Canada. Elle fait partie du groupe des vignes américaines. Cette espèce, très résistante au froid, se distingue du groupe euro-asiatique (*Vitis vinifera*, entre autres) par ses graines qui adhèrent à la pulpe et par la peau du fruit qui se détache facilement. Ce qui sera moins «détachable», ce sont les doigts et les chemises qui ont été en contact avec cette peau teintante...

Les Amérindiens ne connaissaient pas le vin, mais ils consommaient les jeunes pousses et les raisins. Dès l'arrivée des premiers colons au XVIIe siècle, ce raisin servit à faire un vin acide, âpre, très corsé et teintant, mais probablement apprécié en ces temps de disette.

Les feuilles se consomment bouillies. On peut conserver les grandes feuilles pour confectionner des mets farcis, comme on le fait avec les feuilles de chou. On peut aussi les congeler et les blanchir seulement au moment de l'utilisation.

La stellaire ou le mouron des champs

Stellaria graminea

Cette plante bien connue, originaire d'Europe, a traversé l'Atlantique au siècle dernier. On utilise aussi le mouron des oiseaux (*Stellaria media*), plante présente partout dans les jardins lorsque le sol est riche et humide.

La récolte peut s'effectuer pendant toute la saison. Dans la préparation d'un mesclun (voir note), elle s'harmonise parfaitement avec d'autres plantes comme le cresson, le persil, le cerfeuil et le pissenlit, pour inventer une bonne salade rafraîchissante.

Note: *Mesclun est devenu un mot à la mode. Il signifie «mélange», en provençal niçois. Selon Larousse, le mesclun est «un mélange de jeunes plants de salade de diverses espèces et de plantes aromatiques».*

Le rosier sauvage

Rosa spp.

On récolte les pétales parfumés dès le début de la floraison. Les pétales de roses cultivées ou sauvages entrent dans la fabrication et la préparation de multiples recettes: eau de rose, gelées, confitures, vinaigres, liqueurs, beurres, confiseries, etc.

Gisèle Lamoureux, dans le guide culinaire Fleurbec, *Plantes sauvages au menu*, donne une très bonne recette de gelée de rose sauvage, à chaud.

Après la floraison, de septembre aux gelées, on récolte les fruits appelés cynorhodons. Du point de vue de la botanique, il s'agit d'un faux-fruit, mais peu importe, puisqu'il est très riche en vitamine C. Pour faire de la confiture ou de la tisane, on doit couper les deux extrémités des cynorhodons, les fendre en deux et enlever les graines ainsi que les fibres à l'aide d'une petite cuillère. Faire sécher les fruits et les conserver dans un contenant hermétique si on les utilise pour la tisane. Au moment de l'utilisation, il faut pulvériser les fruits séchés à l'aide d'un moulin à café, puis laisser infuser 10 bonnes minutes. On doit ensuite ajouter des plantes aromatiques au goût.

JUILLET ET AOÛT

Le fraisier des champs

Fragaria virginiana

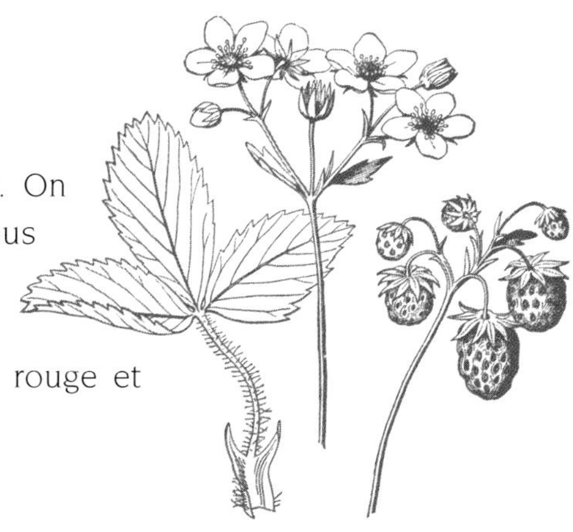

C'est le petit fraisier commun que l'on trouve un peu partout. On récolte patiemment les minuscules fruits, car les résultats nous récompensent largement de notre labeur. Il est impératif de congeler les fruits le plus rapidement possible. Mais que diriez-vous d'une coupe de fraises des champs macérées dans un bon vin rouge et saupoudrées de sucre?

Le sureau blanc

Sambucus canadensis

Les différentes parties du sureau sont plutôt utilisées en médecine traditionnelle qu'en alimentation. Les Amérindiens se servaient de l'écorce pour faire des infusions, des tiges pour confectionner des flèches et retiraient la moelle du centre de la tige pour en faire un tuyau qui servait à recueillir la sève des arbres tels que l'érable et le bouleau. Les Canadiens français l'employaient de la même façon que le sureau noir européen qui, en médecine traditionnelle, est un puissant purgatif.

L'usage du sureau blanc doit être modéré, car de nombreuses parties de la plante contiennent des substances toxiques.

On récolte les fleurs qu'on incorpore à la pâte à crêpes ou aux gâteaux. En effet, elles remplacent une partie de la farine et, comme les fleurs du sureau, servent à faire du vin.

Vers le mois de septembre, on procède à la récolte des fruits.

Le trèfle agraire

Trifolium agrarium

On récolte ces fleurs au doux parfum pour faire des infusions, boissons toniques et nourrissantes. Les fleurs et les graines séchées donnent une farine riche en protéines.

La catherinette

Rubus pubescens

Cette plante se propage par stolons dans les marais et les bois humides et est à mi-chemin entre la mûre et la framboise. On récolte les fruits rouges de saveur agréable et on les utilise de la même façon que les framboises. Elle forme des colonies d'une hauteur de 15 à 20 cm (6 à 8 po).

Le tilleul d'Amérique

Tilia americana

Que diriez-vous d'une bonne tisane de fleurs et de bractées de tilleul après le repas du soir? Alors, cueillez les fleurs au début et à la mi-juillet, faites-les sécher et conservez-les dans un bocal hermétique.

Le vinaigrier

Rhus typhina

La plante, abondante, était bien connue des Amérindiens. On peut l'utiliser de différentes façons. Si on récolte les jeunes fruits au début de l'été, on en fait une boisson très rafraîchissante. Macérer les fruits une demi-journée dans de l'eau. Après avoir filtré le liquide rosé, ajouter du jus de citron, d'orange ou autre, sucrer au goût et mettre de la glace pilée. Déguster avec sérénité.

La plaquebière ou la chicoutai

Rubus chamæmorus

C'est une toute petite plante vivace de quelques centimètres de hauteur, poussant dans les tourbières du nord-est du Canada et dans les régions bordant le golfe Saint-Laurent. Quelle merveille! Le petit fruit rouge comme une framboise devient jaune, ambré et translucide. N'étant pas sucré, on doit le manger frais ou confit dans beaucoup de sucre. Évidemment, les fruits se dégustent aussi en confiture, au goût original. C'est un produit typique de la région de la Côte-Nord au Québec.

Chicoutai est un mot des Amérindiens montagnais qui veut dire «feu», allusion à la couleur du fruit avant sa maturation complète. Depuis quelque temps, une excellente liqueur à 25° est produite par la Société des alcools du Québec, mais on peut la faire soi-même. Comme pour la liqueur de framboise, mettre dans un contenant hermétique, comme un bocal à confiture, un volume égal de sucre et de fruits, puis recouvrir de rhum blanc ou de vodka ou tout simplement d'alcool à 40°. Laisser reposer un mois ou deux devant une fenêtre ensoleillée. Transvider ensuite dans une bouteille en filtrant le liquide. Ajuster à votre goût en ajoutant de l'alcool. Laisser vieillir quelques mois dans la cave. Filtrer de nouveau la liqueur lorsque vous êtes prêt à la boire.

Une petite merveille...

La menthe à épis — Menthe des champs — Menthe poivrée

Mentha spicata — Mentha canadensis — Mentha piperita

La menthe à épis (*Mentha spicata*) possède un goût très prononcé et relevé, légèrement plus sucré que les autres menthes indigènes. Cependant, elle est moins piquante que la menthe poivrée. On utilise cette menthe pour aromatiser la gomme à mâcher ainsi que dans la pharmacopée populaire.

Cette plante, originaire d'Eurasie, a été introduite en Amérique comme plante médicinale. Échappée des cultures, on la retrouve maintenant dans les fossés et les lieux humides.

La menthe des champs (*Mentha canadensis*) est reconnaissable par la position des fleurs à l'aisselle des feuilles. C'est l'espèce qui contient le plus de menthol.

La menthe poivrée (*Mentha piperita*) est, elle aussi, une plante échappée des cultures, car elle fut probablement introduite comme plante médicinale au XIXe siècle. On récolte ses fleurs vers la fin du mois d'août.

Toutes les menthes possèdent sensiblement les mêmes propriétés digestives. Toutefois, leur efficacité varie selon les conditions climatiques et les espèces. Le goût fort original du vinaigre de menthe à épis demande, avant l'utilisation dans les salades, d'être dilué dans un peu d'eau et additionné d'un peu de sucre.

Pour obtenir un fromage à la menthe, on hache finement des feuilles de menthe et on les mélange avec du fromage à la crème. On peut aussi agrémenter les glaçons en déposant quelques feuilles de menthe dans les cubes à glaçons et en y ajoutant une framboise.

L'idée de monter une mayonnaise à la menthe en utilisant du vinaigre de menthe pour accompagner l'agneau froid rehaussera un plat qui a déjà la réputation d'être succulent.

Le carvi commun

Carum carvi

C'est une plante originaire d'Eurasie, tout à fait naturalisée dans certaines régions du Canada. On en récolte les graines jusqu'en septembre, et ce facilement, le carvi ayant une odeur très particulière. On doit cependant éviter de le confondre avec la ciguë maculée, plante très dangereuse à cause de la concentration élevée de poison qu'elle contient, comme nous l'avons déjà dit pour la récolte du panais sauvage.

Les graines fraîches ou séchées du carvi commun assaisonnent de façon intéressante le fromage à la crème. On doit procéder de la même façon qu'avec la menthe. On utilise aussi ces graines en condiment pour le pain et les gâteaux. Les délicieuses betteraves marinées deviennent délectables si on ajoute env. 15 ml (1 petite c. à soupe) de graines de carvi par litre (4 tasses) de marinade.

Le bleuet

Vaccinium angustifolium

La petite baie bleue que les Québécois appellent bleuet n'a rien à voir avec le bleuet (*Centaurea cyanus*) que l'on trouve dans les champs européens en compagnie du coquelicot.

Le bleuet d'ici, c'est la baie bleue de l'airelle des bois, une espèce quelque peu différente de celle d'Europe (*Vaccinium myrtillus*). La plante croît en sol acide et en terrain tourbeux. Les Amérindiens ajoutaient les fruits de bleuet à la viande séchée pour en relever la saveur. Aujourd'hui, les fruits du *Vaccinium* entrent dans la composition de nombreux produits comme l'alcool, le yogourt, les tartes ou les confitures.

La salicorne

Salicornia europea

On trouve la salicorne sur les rivages maritimes et les terrains salés du Bas-Saint-Laurent. C'est la même plante que l'on trouve sur le littoral européen. Cette plante, qui contient beaucoup d'iode, a évidemment un goût salé assez surprenant et très agréable.

Gisèle Lamoureux propose dans le livre du groupe Fleurbec, *Plantes sauvages au menu*, une soupe de crevettes salée à la salicorne. Dans le même ouvrage, Mary Majka suggère un gratin de salicorne d'Europe, une sauce à la salicorne sur pain rôti et une mousse à la salicorne.

Généralement, la salicorne se consomme crue, en été dans les salades, cuite en légume et parfois confite dans du vinaigre.

On conserve les jeunes plantes encore tendres dans du vinaigre aromatisé ou tout simplement au congélateur.

Le pourpier

Portulaca oleracea

Durant l'automne, on récolte les extrémités tendres du pourpier, qui pousse aussi de façon «sauvage» en fin de saison dans le potager.

Il ne faut pas l'oublier dans la composition d'un mesclun, en salade ou même en crème. Autrefois cultivé dans les jardins potagers, il était servi à la table du roi Louis XIV. On retrouve chez le grainetier une variété à feuilles larges et dorées.

Note: *Comme l'oxalis, il contient un peu d'acide oxalique. On doit donc le consommer avec modération, en le mélangeant, par exemple, avec d'autres salades.*

La salsepareille

Aralia nudicaulis

C'est une petite plante vivace forestière que l'on trouve en abondance dans les érablières. Les petits fruits de couleur bleu-noir sont comestibles et leur goût ressemble à celui du genévrier. On récolte les fruits qui se mangent crus, à la façon des Amérindiens qui en consomment depuis toujours.

Note: *La salsepareille de la pharmacie européenne* (Smilax sarsaparilla) *de la famille des liliacées n'a rien à voir avec la salsepareille québécoise qui est de la famille des araliacées.*

Le noisetier

Corylus cornuta

L'espèce *cornuta* donne une petite noisette très connue des gens qui fréquentent l'Île-aux-Coudres, coudrier étant synonyme de noisetier. La tige qu'utilisent les sourciers est faite d'un rameau de coudrier.

On récolte les fruits avant que les écureuils et les autres rongeurs s'intéressent à eux. Les Amérindiens brisaient les enveloppes des fruits en plaçant ceux-ci dans un sac de toile et en frappant le contenu sur une surface dure. Ils évitaient ainsi de se piquer les doigts sur l'écale pleine d'épines enrobant le fruit.

Note: *Les noisettes cultivées proviennent du Corylus avellana, une espèce européenne d'où vient le nom populaire d'aveline.*

SEPTEMBRE

Les atocas

Vaccinium macrocarpon

Les atocas se nomment aussi «canneberges» au Canada; en Europe, on connaît les atocas sous le nom d'airelles. La taille de l'espèce canadienne est naine, comparativement à celle d'Europe. Elle pousse dans les tourbières et elle est maintenant cultivée commercialement dans la région de Drummondville.

Les fruits rouges sont meilleurs si on les cueille après plusieurs petites gelées. On en fait de la confiture ou de la gelée pour accompagner les plats de volaille, des tartes, des biscuits ou des gâteaux. On en fait aussi un vin rosé corsé.

En Amérique, c'est la tradition, pour les Québécois, de servir des atocas avec la dinde au temps de Noël, et à la «Thanksgiving», les Américains ne sauraient se passer de la «Cranberry» pour accompagner leur dinde de l'Action de grâces.

Le *pimbina* ou Viorne *trilobée*

Virburnum trilobum

La viorne trilobée pousse principalement dans les érablières et au bord des rivières. C'est un arbuste de 2 à 4 m (6 à 13 pi) environ. On récolte les fruits rouges et juteux après les premières gelées. Leur goût rappelle celui des atocas. Comme les fruits dégagent une forte odeur, on ajoute un peu de zeste de citron ou d'orange avant la cuisson.

On peut en garnir des tartes, en faire de la gelée ou des confitures, mais aussi un sorbet raffiné aux fruits de pimbina, arrosé d'un vieux rhum, ou encore un jambon glacé au pimbina et au sirop d'érable.

NOTES

CHAPITRE 1

1. M. Noël, 1991: 58.
2. N. Denys, 1672, II: 404-405.
3. J.-F. Lafitau, 1724, I: 277.
4. N. Denys, 1672, II: 361-362; J.-F. Lafitau, 1724, I: 232.
5. M. Noël, 1979: 56.
6. R. H. Whitehead, 1980: 34.
7. G. Sagard, 1632: 172; P. Boucher, 1664: 100; J.-F. Lafitau, 1724, I: 228.
8. J.-F. Lafitau, 1724, I: 227; G. Sagard, 1632: 176.
9. G. Sagard, 1632: 134.
10. J.-F. Lafitau, 1724, I: 227.
11. A. C. Parker, 1910: 58.
12. C. Heidenreich, 1971: 172.
13. A. C. Parker, 1910: 58.
14. J.-F. Lafitau, 1724, I: 229.
15. G. Sagard, 1632: 176; J.-F. Lafitau, 1724, I: 229.
16. E. Tooker, 1987: 67.
17. A. C. Parker, 1910: 47-48.
18. G. Sagard, 1632: 180-181.
19. A. C. Parker, 1910: 46.
20. G. Sagard, 1632: 181.
21. G. Sagard, 1632: 173.
22. P. Boucher, 1664: 101.
23. A. D. McMillan, 1988: 122.
24. H. A. Dempsey, 1986: 406.
25. A. D. McMillan, 1988: 131.
26. A. D. McMillan, 1988: 131; D. G. Mandelbaum, 1979: 330.
27. A. D. McMillan, 1988: 131.
28. *Idem*.
29. H. A. Dempsey, 1986: 414.
30. D. G. Mandelbaum, 1979: 74-75; A. D. McMillan, 1988: 132.
31. D. G. Mandelbaum, 1979: 76.
32. S. Loslier, 1984: 4.
33. P. R. Gerber, 1989: 39.
34. P. R. Gerber, 1989: 46.
35. S. A. Freed, 1983: 296.
36. S. A. Freed, 1983: 296-297; P. R. Gerber, 1989: 44.
37. K. R. Fladmark, 1988: 120-122; P. R. Gerber, 1989: 44.
38. K. R. Fladmark, 1988: 86-87.
39. S. A. Freed, 1983: 299; P. R. Gerber, 1989: 46; K. R. Fladmark, 1988: 88.
40. S. A. Freed, 1983: 296.
41. K. R. Fladmark, 1988: 123.
42. *Idem*.
43. S. A. Freed, 1983: 298.
44. *Idem*.

Chapitre 2

1. Lévi-Strauss, Claude. *L'origine des manières de table.*
2. *Idem.*
3. Sagard, Gabriel. *Le grand voyage du pays des Hurons.*
4. Lévi-Strauss, Claude. *L'origine des manières de table.*
5. *Idem.*
6. Sagard, Gabriel. *Le grand voyage du pays des Hurons.*
7. Lafitau, Joseph-François. *Mœurs des sauvages américains.*
8. Lévi-Strauss, Claude. *L'origine des manières de table.*
9. Sagard, Gabriel. *Le grand voyage du pays des Hurons.*
10. Satlia.

Chapitre 4

1. Assiniwi, Bernard. *Recettes typiques des Indiens*, Montréal, Leméac, 1972.
2. Par opposition aux Iroquois Inférieurs qui habitaient plus bas sur le fleuve, dans la région du Richelieu.
3. *Relations des Jésuites.* Année 1655, Chap. IV, p. 12.
4. *Relations des Jésuites.* Année 1663, chap. IX, p. 28.
5. Parties de forêt brûlées, il y a au moins un an.
6. Je l'ai appelé iroquois parce que les pacanes, les graines de tournesol et de citrouille étaient appréciées de cette nation, autrefois.

Chapitre 8

1. Bleuet: airelle, fausse myrtille.
2. Herbe des caribous: lichen des caribous.
3. Si l'expérience d'œnologue vous intéresse, consultez le guide *Plantes sauvages au menu*, Fleurbec, 1981, p. 121.
4. Note: spp., ajouté au nom latin, signifie plusieurs espèces.
5. Le Groupe Fleurbec, 1972.
6. Le Groupe Fleurbec.
7. *Idem.*
8. *Idem.*

BIBLIOGRAPHIES

CHAPITRE 1

BOUCHER, Pierre. *Histoire véritable et naturelle des mœurs et productions du pays de la Nouvelle-France vulgairement dite le Canada*, Paris, Florentin Lambert, 1664.

DEMPSEY, Hugh A. «The Blackfoot Indians» dans R. Bruce Morrison et C. Roderick Wilson, édit., *Native Peoples: The Canadian Experience*, Toronto, McClelland and Stewart, 1986, p. 404-435.

DENYS, Nicolas. *Description geographique et historique des costes de l'Amerique septentrionale. Avec l'Histoire naturelle du Païs*, Paris, Claude Barbin, 1672, 2 tomes.

FLADMARK, Knut R. *La préhistoire de la Colombie-Britannique*, Montréal, Éditions Fides, 1988.

FREED, Stanley A. *La grande aventure des Indiens d'Amérique du Nord*, Montréal et Paris, Sélection du Reader's Digest, 1983.

GERBER, Peter R. *Indians of the Northwest Coast*, New York, Facts On File, 1989.

HEIDENREICH, Conrad E. *Huronia, A History and Geography of the Huron Indians, 1600-1650*, Toronto, McClelland and Stewart Limited, 1971.

LAFITAU, Joseph-François. *1724: Mœurs des sauvages américains, comparées aux mœurs des premiers temps*, édité par Edna Hindie Lemay, Paris, François Maspero, 1983, 2 volumes.

LOSLIER, Sylvie. «Portrait de la Côte Nord-Ouest» dans *Recherches amérindiennes au Québec*, 1984, vol. XIV, n° 2, p. 3-8.

MANDELBAUM, David G. *The Plains Cree: An Ethnographic, Historical and Comparative Study*, Regina, Canadian Plains Research Center, University of Regina, 1979.

MCMILLAN, Allan D. *Native Peoples and Cultures of Canada. An Anthropological Overview*, Vancouver et Toronto, Douglas & McIntyre, 1988.

NOËL, Michel. *André Vollant. Aquarelles*, Pointe-Claire, Roussan Éditeur, 1991.

NOËL, Michel. *Art décoratif et vestimentaire des Amérindiens du Québec*, XVIe *et* XVIIe *siècles*, Montréal, Leméac, 1979.

PARKER, A. C. *Iroquois Uses of Maize and other Food Plants*, New York State Museum, 1910, bulletin 144.

SAGARD, Gabriel. *1632: Le grand voyage du pays des Hurons*, édité par Réal Ouellet et Jack Warwick, Montréal, Leméac, 1990.

TOOKER, Elisabeth. *Ethnographie des Hurons*, 1615-1649, Montréal, Recherches amérindiennes au Québec, 1987.

WHITEHEAD, Ruth Holmes. *Elitekey: Micmac Material Culture from the* 1600 A. D. *to the Present*, Halifax, The Nova Scotia Museum, 1980.

CHAPITRE 2

BOSSU, J. B. *Nouveaux voyages en Louisiane*, Paris, Aubier Montaigne, 1980.

CARTIER, Jacques. *Relations. Édition critique par* M. *Bibeaux*, Montréal, Presses de l'Université de Montréal, 1986.

CATLIN, George. *Les Indiens d'Amérique du Nord*, Coll. «Terre indienne», Paris, Albin Michel, 1992.

DÉSY, Pierrette. *Trente ans de captivité chez les Indiens Ojibwa. Récit de John Tanner*, Paris, Payot, 1983.

LAFITAU, Joseph-François. *Mœurs des sauvages américains*, Paris, Éd. François Maspero, 1983.

LAHONTAN. *Dialogues de M. le Baron de Lahontan et d'un sauvage dans l'Amérique*, Paris, Desjonquières, 1993.

Les voyages de Samuel de Champlain, Saintongeais, père du Canada, Paris, PUF, 1951.

LÉVI-STRAUSS, Claude. *L'origine des manières de table*, Paris, Plon, 1968.

PROVENCHER, Paul. *Le dernier coureur des bois*, Montréal, Les Éditions de l'Homme, 1974.

ROGERS, Edward S. *The Quest for Food and Furs. The Mistassini Cree*, 1953-1954. Ethnologie n^o^5, Ottawa, Musées nationaux du Canada, 1973.

SAGARD, Gabriel. *Le grand voyage du pays des Hurons*, Bibliothèque québécoise, 1990.

WAUGH, F. W. *Iroquois Food and Food Preparation*, Mémoire 86, Ottawa, Musées nationaux du Canada, 1973.

WEATHERFORD, Jack. *Indian Givers*, New York, Fawcette Columbine, 1988.

CHAPITRES 3, 4 ET 5

Affaires indiennes et du Nord-Canada avec la collaboration du Musée national de l'Homme, Oracle et les contributions autochtones au monde moderne. *Le Potlatde, le calendrier amérindien*, Ottawa, 1979.

ASSINIWI, Bernard. *Recettes typiques des Indiens*, Montréal, Leméac, 1972.

COX, BEVERLY et JACOBS, Martin. *Spirit of the Harvest*, New York, Éd. Stewart, Tabori et Chang Inc., 1991.

GARROD, Stand. *Les Indiens du Nord-Ouest*, Éd. Fitzhenry et Whiteside Limited, 1981.

GIROUX, Thomas-Edmond. *Le jour de l'Indien*, Ottawa, 1954.

HANSON, J. James et WILSON, J. Kathryn. *The Buckskinner's Cookbook*, Chadron, Nebraska, The Fur Press Editor, 1979.

JAINE, Tom. *50 recettes de pain*, Paris, Éditions Gründ, 1995.

LÉVESQUE, Carole. *La culture matérielle des Indiens du Québec: une étude de raquettes, mocassins et toboggans*, Ottawa, Collection Mercure, Musée national de l'Homme, 1976.

MORRIS, Karol. «A new look at an ancient cuisine», *Pacific Rim Magazine*, United Nations years of indigenous peoples, 1993.

ROUSSEAU, Jacques. «Astam mitchoun! Essai sur la gastronomie amérindienne», Montréal, *Les cahiers des dix*, n° 22, 1957.

ROUSSEAU, Jacques. «Ces gens qu'on dit sauvages», Montréal, *Les cahiers des dix*, n° 23, 1958.

Société des amis du Musée de l'Homme. *Chefs-d'œuvre des arts indiens et esquimaux du Canada/Masterpieces of Indian and Eskimo Art from Canada*, Paris, Musée de l'Homme (Paris) et Galerie nationale du Canada (Ottawa), 1969.

CHAPITRE 8

GARDON, Anne. *La cuisine des champs*, Montréal, Les Éditions de l'Homme, 1994.

LE GROUPE FLEURBEC. *Plantes sauvages au menu*, Montréal, Le Groupe Fleurbec éditeurs, 1981.

LE GROUPE FLEURBEC. *Plantes sauvages comestibles*, Montréal, Le Groupe Fleurbec éditeurs, 1981.

LE GROUPE FLEURBEC. *Plantes sauvages des villes, des champs et en bordure des chemins*, Montréal, Le Groupe Fleurbec et Québec Science/Éditeurs, 1983.

LE GROUPE FLEURBEC. *Plantes sauvages des villes et des champs*, Montréal, Fides/Éditeur officiel du Québec, 1978.

LAMOUREUX, Gisèle et coll. *Plantes sauvages printanières*, Éditions France-Amérique, 1975.

MARIE-VICTORIN, Frère. *Flore laurentienne*, troisième édition, Montréal, Les Presses de l'Université de Montréal, 1995.

Index des recettes

Liste des chefs et adresses

Oliver Altherr
Regent Hotel Plume
HONG-KONG
tél. 313.21.84

Juan (Jean-Marie) Arzak
Alto de Miracruz 21
200015 San Sebastian
ESPAGNE
tél. 27.27.53

Jean-Claude Belmont
Professeur de cuisine
Institut de tourisme et d'hôtellerie du Québec
401, rue de Rigaud
Montréal, Québec
H2L 4P3
tél. 514-282-5107

Gabriel Biscay
Lapérouse
51, quai des Grands-Augustins
75006 Paris
FRANCE
(1) 43.26.90.14

Raymond Blanc
Le Manoir aux Quat'Saisons
Church Road
Great Milton, Oxford
OX44 7PD
ANGLETERRE
tél. (00 44 18 44) 27.88.81
télec.: (00 44 18 44) 27.88.47

Paul Bocuse
Paul Bocuse
Place d'Illhaeusern
69660 Collonges-au-Mont-d'Or
FRANCE
tél. 78.22.01.40

Marcel Bouchard
Auberge des 21
335, rue Mars
La Baie, Québec
G7B 4N1
tél. 418-544-9316

Alain Boudet-Fenouillet
L'Abri
1-Bun ji, I.ka Chongro
Kyobo Boulevard
Chongro-ku, Séoul
CORÉE
tél. 738.25.63

Jean-Pierre Bruneau
Restaurant Bruneau
73, avenue Broustin
1080 Bruxelles
BELGIQUE
tél. 427.69.78

Jean-Michel Chartal
Ousteau de Baumanière
13520 Les Baux-de-Provence
FRANCE
tél. 90.54.33.07

Renaud Cyr
Manoir des Érables
220, boulevard Taché
Montmagny, Québec
G5V 1G5
tél. 418-248-0100

André Daguin
André Daguin
Place de la Libération
32003 Auch
FRANCE
tél. 62.61.71.77

Joseph Delphin
La Châtaigneraie
156, route de Carquefou
44240 Sucé-sur-Erdre (Nantes)
FRANCE
tél. 40.77.90.95

Michel Deret
Le Charentais
6001, avenue Du Parc
Montréal, Québec
H2V 4H4
tél. 514-273-2465

Anne Desjardins
L'Eau-à-la-Bouche
3003, Boulevard Sainte-Adèle
Sainte-Adèle, Québec
J0R 1L0
tél. 514-229-2991

Jean-Paul Grappe
Institut de tourisme et d'hôtellerie du Québec
401, rue de Rigaud
Montréal, Québec
H2L 4P3
tél. 514-282-5107

Pierrick Guillou
La Table des Guillou
19, rue de la Résistance
Schouweiler
4996 GRAND DUCHÉ DU LUXEMBOURG
tél. (352) 37.00.08

Émile Jung
Le Crocodile
10, rue de l'Outre
67000 Strasbourg
FRANCE
tél. (16) 88.32.13.02

Marcel Kretz
Professeur de cuisine
École hôtelière des Laurentides
150, rue Lesage
Sainte-Adèle, Québec
J0R 1L0
tél. 514-229-2611

Alain Labrie
Auberge Hatley
Boîte postale 330
North Hatley, Québec
J0B 2C0
tél. 819-842-2451

Michel Lambert
La Maison de la Rivière
9122, chemin de la Batture
La Baie, Québec
G7B 3P6
tél. 418-544-2912

Kiyomi Mikuni
Mikuni
1-18 Wakaba Shinjuku-ku
160 Tokyo
JAPON
tél. (3) 33.51.38.10

Roland Pierroz
Hôtel Rosalp
Route de Medran
CH-1936 Verbier
SUISSE
tél. (026) 31.63.23

Antonio Santini
Dal pescatore
Loc.Runate 17, Canneto S/O
46013 Mantoue
ITALIE
tél. (0376) 72.30.01

Jean Schillinger
Schillinger
16, rue Stanislas
68000 Colmar
FRANCE
tél. 80.41.43.17

André Soltner
Lutèce
249 East, 50th Street
New York
ÉTATS-UNIS
tél. (212) 752 -2225

Laurier Therrien
La Tanière
2115, St-Ange
Sainte-Foy, Québec
G2E 3L9
tél. 418-872-4386

Pierre Troisgros
Troisgros
Place Jean Troisgros
42300 Roanne
FRANCE
tél. 77.71.66.97

Gérard Vié
Les Trois Marches
1, boulevard de la Reine
78001 Versailles
FRANCE
tél. (1) 39.50.13.21

Ce livre a été produit grâce au système d'imagerie au laser
des Éditions de l'Homme, lequel comprend:

- Un digitaliseur Scitex Smart™ 720 et un poste de retouche de couleurs Scitex Rightouch™;
- Les produits Kodak;
- Les ordinateurs Apple inc.;
- Le système de gestion et d'impression des photos avec le logiciel Color Central® de Compumation inc.;
- Le processeur d'images RIP 50 PL2 combiné avec la nouvelle technologie Lino Dot® et Lino Pipeline® de Linotype-Hell®.

Nous remercions la compagnie Repap qui nous a permis
d'imprimer cet ouvrage sur un papier Excellence Gloss.

Achevé d'imprimer au Canada
sur les presses de l'imprimerie Interglobe Inc.